Utilize este código QR para se cadastrar de forma mais rápida:

Ou, se preferir, entre em:
www.moderna.com.br/ac/livroportal
e siga as instruções para ter acesso aos conteúdos exclusivos do
Portal e Livro Digital

CÓDIGO DE ACESSO:
A 00523 BUPCIEN1E 2 84590

Faça apenas um cadastro. Ele será válido para:

Da semente ao livro, sustentabilidade por todo o caminho

Plantar florestas
A madeira que serve de matéria-prima para nosso papel vem de plantio renovável, ou seja, não é fruto de desmatamento. Essa prática gera milhares de empregos para agricultores e ajuda a recuperar áreas ambientais degradadas.

Fabricar papel e imprimir livros
Toda a cadeia produtiva do papel, desde a produção de celulose até a encadernação do livro, é certificada, cumprindo padrões internacionais de processamento sustentável e boas práticas ambientais.

Criar conteúdos
Os profissionais envolvidos na elaboração de nossas soluções educacionais buscam uma educação para a vida pautada por curadoria editorial, diversidade de olhares e responsabilidade socioambiental.

Construir projetos de vida
Oferecer uma solução educacional Moderna é um ato de comprometimento com o futuro das novas gerações, possibilitando uma relação de parceria entre escolas e famílias na missão de educar!

Apoio:

Fotografe o Código QR e conheça melhor esse caminho.
Saiba mais em *moderna.com.br/sustentavel*

Organizadora: Editora Moderna

Obra coletiva concebida, desenvolvida e produzida pela Editora Moderna.

Editora Executiva:
Maíra Rosa Carnevalle

NOME: ....

....TURMA: ....

ESCOLA: ....

....

1ª edição

© Editora Moderna, 2018

Elaboração dos originais

Ana Carolina de Almeida Yamamoto
Bacharel e licenciada em Ciências Biológicas pela Universidade de São Paulo. Bacharel em Comunicação Social pela Universidade Anhembi Morumbi. Editora.

Maiara Oliveira Soares
Licenciada em Ciências da Natureza pela Universidade de São Paulo. Especialista em Tecnologias na Aprendizagem pelo Centro Universitário Senac. Editora.

Natalia Leporo
Licenciada em Ciências da Natureza pela Universidade de São Paulo. Mestra em Ciências, programa: Ensino de Ciências, pela Universidade de São Paulo. Editora.

Michelle Beralde
Bacharel em Ciências Biológicas pela Universidade de São Paulo. Editora.

Thiago Macedo de Abreu Hortêncio
Bacharel em Ciências Biológicas pela Universidade de São Paulo. Editor.

Laís Alves Silva
Bacharel em Ciências Biológicas pela Universidade São Judas Tadeu. Licenciada em Ciências Biológicas pela Universidade Católica de Brasília. Editora.

Juliana Bardi
Bacharel e licenciada em Ciências Biológicas pela Unesp. Doutora em Ciências pela Universidade de São Paulo. Editora.

Maissa Salah Bakri
Bacharel em Ciências Biológicas pela Universidade de São Paulo. Mestre em Ciências pela Universidade de São Paulo. Editora

Jogo de apresentação das *7 atitudes para a vida*

Gustavo Barreto
Bacharel em Direito pela Pontifícia Universidade Católica (SP). Pós-graduado em Direito Civil pela mesma instituição. Autor dos jogos de tabuleiro (*boardgames*) para o público infantojuvenil: Aero, Tinco, Dark City e Curupaco.

Coordenação editorial: Ana Carolina de Almeida Yamamoto, Marisa Martins Sanchez
Edição de texto: Ana Carolina de Almeida Yamamoto, Maiara Oliveira Soares, Natalia Leporo
Gerência de *design* e produção gráfica: Everson de Paula
Coordenação de produção: Patricia Costa
Suporte administrativo editorial: Maria de Lourdes Rodrigues
Coordenação de *design* e projetos visuais: Marta Cerqueira Leite
Projeto gráfico: Daniel Messias, Daniela Sato, Mariza de Souza Porto
Capa: Daniel Messias, Otávio dos Santos, Mariza de Souza Porto, Cristiane Calegaro
  Ilustração: Raul Aguiar
Coordenação de arte: Wilson Gazzoni Agostinho
Edição de arte: Andréia Crema
Editoração eletrônica: Casa Crema
Ilustrações de vinhetas: Adilson Secco
Coordenação de revisão: Elaine Cristina del Nero
Revisão: Ana Cortazzo, Dirce Y. Yamamoto, Renata Brabo, Sandra G. Cortés, Tatiana Malheiro
Coordenação de pesquisa iconográfica: Luciano Baneza Gabarron
Pesquisa iconográfica: Camila D'Angelo, Marcia Mendonça, Renata Martins
Coordenação de *bureau*: Rubens M. Rodrigues
Tratamento de imagens: Fernando Bertolo, Marina M. Buzzinaro, Luiz Carlos Costa, Joel Aparecido
Pré-impressão: Alexandre Petreca, Everton L. de Oliveira, Marcio H. Kamoto, Vitória Sousa
Coordenação de produção industrial: Wendell Monteiro
Impressão e acabamento: HRosa Gráfica e Editora
Lote: 768541
Cod: 12112875

Dados Internacionais de Catalogação na Publicação (CIP)
(Câmara Brasileira do Livro, SP, Brasil)

Buriti Plus Ciências / organizadora Editora Moderna ; obra coletiva concebida, desenvolvida e produzida pela Editora Moderna. — 1. ed. — São Paulo : Moderna, 2018. (Projeto Buriti)

Obra em 4 v. para alunos do 2º ao 5º ano

1. Ciências (Ensino fundamental) I.

18-17015   CDD-372.35

Índices para catálogo sistemático:
1. Ciências : Ensino fundamental   372.35

Maria Alice Ferreira - Bibliotecária - CRB-8/7964

ISBN 978-85-16-11287-5 (LA)
ISBN 978-85-16-11288-2 (GR)

Reprodução proibida. Art. 184 do Código Penal e Lei 9.610 de 19 de fevereiro de 1998.
Todos os direitos reservados
EDITORA MODERNA LTDA.
Rua Padre Adelino, 758 - Belenzinho
São Paulo - SP - Brasil - CEP 03303-904
Vendas e Atendimento: Tel. (0_ _11) 2602-5510
Fax (0_ _11) 2790-1501
www.moderna.com.br
2023
Impresso no Brasil

1 3 5 7 9 10 8 6 4 2

Que tal começar o ano conhecendo seu livro?

Veja nas páginas 6 e 7 como ele está organizado.
Nas páginas 8 e 9, você fica sabendo os assuntos que vai estudar.

Neste ano, também vai **conhecer** e colocar em **ação** algumas **atitudes** que ajudarão você a **conviver** melhor com as pessoas e a **solucionar problemas**.

7 atitudes para a vida

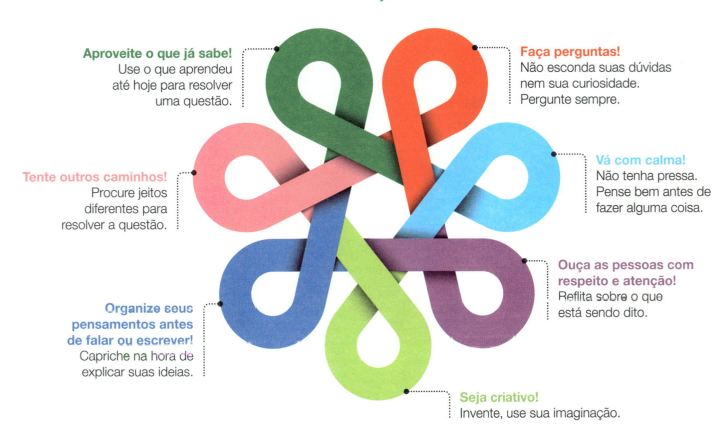

Aproveite o que já sabe!
Use o que aprendeu até hoje para resolver uma questão.

Faça perguntas!
Não esconda suas dúvidas nem sua curiosidade. Pergunte sempre.

Vá com calma!
Não tenha pressa. Pense bem antes de fazer alguma coisa.

Tente outros caminhos!
Procure jeitos diferentes para resolver a questão.

Ouça as pessoas com respeito e atenção!
Reflita sobre o que está sendo dito.

Organize seus pensamentos antes de falar ou escrever!
Capriche na hora de explicar suas ideias.

Seja criativo!
Invente, use sua imaginação.

Nas páginas 4 e 5, há um jogo para você começar a praticar cada uma dessas atitudes. Divirta-se!

Estudantes em ação

Seis amigos estudantes estão viajando juntos para pesquisar os animais de uma região. No hotel onde ficarão hospedados, há exatamente seis quartos disponíveis. Que sorte! Mas eles querem ficar em quartos com certas características. Vamos ajudá-los?

1. Os quartos disponíveis têm porta amarela.
2. Leia a seguir onde cada amigo deseja ficar.
3. Coloque os amigos no quarto que cada um deseja.
4. Preencha a tabela com o resultado.
5. Crie exigências para outros hóspedes e ocupe os quartos com porta azul. Depois, desafie um colega!

	Vinícius	Gustavo	Rafael	Thiago	Carlos	Fernando
Quarto						

Ouça as pessoas com respeito e atenção!
Preste bastante atenção nas orientações do professor e ouça as dúvidas dos colegas. Elas vão ajudá-lo a compreender as regras.

Vá com calma!
Observe bem a exigência de cada amigo. Tente começar pelo mais exigente.

Tente outros caminhos!
Talvez você precise mudar um amigo de lugar para conseguir atender a outro.

Organize seus pensamentos antes de falar ou escrever!
Leia a exigência de todos os amigos. Depois, preste atenção em um de cada vez.

Faça perguntas!
Se tiver dúvida sobre as exigências dos amigos, pergunte ao professor ou aos colegas.

Aproveite o que já sabe!
Depois de atender à exigência de um dos amigos, a próxima será mais fácil.

Seja criativo!
Observe com atenção a imagem para ocupar os quartos com porta azul.

Conheça seu livro

Seu livro está dividido em 4 unidades.
Veja o que você vai encontrar nele.

Abertura da unidade

Nas páginas de abertura, você vai explorar imagens e perceber que já sabe muitas coisas.

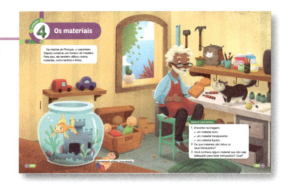

Investigar o assunto

Nas páginas dessa seção, você vai usar diferentes estratégias para investigar o assunto da unidade. Também vai dizer o que pensa e fazer novas descobertas.

Capítulo

Você aprenderá muitas coisas novas estudando os capítulos e resolvendo as atividades!

Álbum de Ciências

No *Álbum de Ciências*, você vai conhecer imagens e curiosidades relacionadas ao capítulo.

O mundo que queremos

Nessas páginas, você vai ler, refletir e realizar atividades com foco na preservação do meio ambiente, no respeito às pessoas e às diferentes culturas e no cuidado com a saúde.

As palavras que talvez você não conheça são explicadas neste boxe verde.

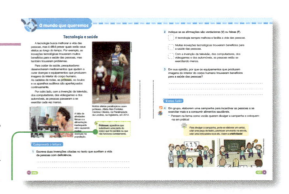

Para ler e escrever melhor

Nessas páginas, você vai ler um texto e perceber como ele está organizado. Depois, vai escrever um texto com a mesma organização.

O que você aprendeu

Mais atividades para você rever o que estudou, utilizar as palavras que acabou de conhecer e aplicar o que aprendeu em outras situações.

Suplemento de atividades práticas

No final do livro, você vai encontrar um suplemento com atividades práticas. São propostas de experimentos, pesquisas, construção de modelos, uso e construção de diferentes instrumentos.

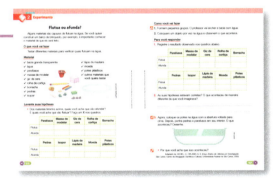

Ícones utilizados

Indicam como realizar algumas atividades:

Atividade oral	Atividade em dupla	Atividade em grupo	Atividade no caderno	Desenho ou pintura

Indica as 7 atitudes para a vida:

Indica os objetos digitais:

Sumário

UNIDADE 1 — Os seres vivos — 10

Investigar o assunto: *Como sei que é um ser vivo?* 12

Capítulo 1. Eu sou um ser vivo 14

Capítulo 2. Ciclo de vida 16
- Álbum de Ciências: *Partes das plantas* 21
- Para ler e escrever melhor: *Variedade de seres vivos* 24

Capítulo 3. Os seres humanos são seres vivos 26
- O mundo que queremos: *Convivência entre crianças e idosos* 30
- O que você aprendeu 32

UNIDADE 2 — Componentes naturais do ambiente — 36

Investigar o assunto: *Fotografia mental* 38

Capítulo 1. O que há no ambiente? 40

Capítulo 2. Componentes naturais 42
- Álbum de Ciências: *Cuidados com o Sol* 45
- Álbum de Ciências: *O início e o fim do dia* 48
- O mundo que queremos: *Evitando acidentes causados pelo mau uso da água* 52

Capítulo 3. Cada ambiente é de um jeito 58
- Para ler e escrever melhor: *Brasil: um país de diferentes ambientes* 62
- O que você aprendeu 64

ILUSTRAÇÕES: HENRIQUE JORGE

UNIDADE 3 — Relações entre os seres vivos e o ambiente — 68

Investigar o assunto: *Observação em campo* 70

Capítulo 1. Relações entre os componentes do ambiente 72

Capítulo 2. Os seres vivos se relacionam entre si 80
- Para ler e escrever melhor: *O calor e a seca afetam a produção de plantas para a alimentação* 84

Capítulo 3. O ser humano percebe e modifica o ambiente 86
- Álbum de Ciências: *Importância do plantio de árvores nas cidades* 89
- Álbum de Ciências: *Você já ouviu falar em permacultura?* 93
- O mundo que queremos: *Vamos colorir o futuro* 94
- O que você aprendeu 96

UNIDADE 4 — Os materiais — 100

Investigar o assunto: *Faça seu boneco* 102

Capítulo 1. Diferentes materiais 104

Capítulo 2. Os materiais naturais 110
- Álbum de Ciências: *De que é feito o berimbau?* 111
- Álbum de Ciências: *Conhecendo o babaçu* 113

Capítulo 3. Os materiais artificiais 116
- Para ler e escrever melhor: *Transformando materiais em arte* 120

Capítulo 4. A tecnologia de materiais 122
- O mundo que queremos: *Tecnologia e saúde* 126

Capítulo 5. Cuidado com os materiais 128
- O que você aprendeu 130

Suplemento de atividades práticas — 134

Encartes 153

ILUSTRAÇÕES: HENRIQUE JORGE

UNIDADE 1
Os seres vivos

Vamos conversar

1. Em um sábado, os alunos do colégio Alves Machado tiveram um dia diferente: puderam levar os seus animais de estimação à escola.

   - Observe os detalhes da imagem durante dez segundos. Tente memorizar os nomes das crianças e quais delas levaram o seu animal de estimação.
   - Feche o livro. No caderno, anote os nomes que você memorizou das crianças que levaram o seu animal de estimação.

2. Observe com atenção a horta da escola que aparece nesta imagem. O que você acha que é preciso para manter a horta viva?

Investigar o assunto

Como sei que é um ser vivo?

Você já reparou que no ambiente existem seres vivos e componentes não vivos? Os seres vivos têm características diferentes das dos componentes não vivos.

O que você vai fazer

Você vai comparar um ser vivo a um componente não vivo do ambiente.

Material

- pedra pequena
- três sementes de feijão
- dois potes de tamanho médio
- algodão suficiente para forrar dois potes
- água

Como você vai fazer

1. Numere os potes (1 e 2) e coloque um pouco de algodão no fundo de cada um deles.

2. Em seguida, ponha um pouco de água sobre o algodão. Não precisa encharcar.

3. No pote 1, coloque a pedra sobre o algodão. No pote 2, coloque três sementes de feijão.

4. No calendário de observações, na página seguinte, registre com desenhos ou anotações o que acontece em cada pote nos dias indicados.

Passo 2.

Passo 3.

Para você responder

1. Você e um colega vão contar um ao outro o que acham que vai acontecer com a pedra e as sementes após sete dias.

O que o outro tem a falar é muito importante e nem sempre é igual ao que pensamos. Ao **escutar as ideias dos outros**, nós podemos aprender e ter novos pontos de vista.

2 Desenhe o que você observou em cada pote, de acordo com o calendário abaixo.

Calendário de observações			
Dia 1		Dia 3	
Pote 1 (pedra)	Pote 2 (sementes de feijão)	Pote 1 (pedra)	Pote 2 (sementes de feijão)
Dia 5		Dia 7	
Pote 1 (pedra)	Pote 2 (sementes de feijão)	Pote 1 (pedra)	Pote 2 (sementes de feijão)

3 De acordo com o que você observou neste experimento, cite uma característica que diferencia os seres vivos dos componentes não vivos.

_____
_____
_____

CAPÍTULO 1

Eu sou um ser vivo

Na natureza, existem seres vivos e componentes não vivos. Os seres vivos são aqueles que têm vida, ou seja, eles nascem, crescem, se desenvolvem e morrem. Outras características dos seres vivos é que eles **precisam de alimento**, **água** e **ar** para sobreviver.

Atividade interativa
É ser vivo?

1. Observe as imagens. Faça um **X** nas características de cada elemento apresentado.

Leão de pelúcia.

Precisa de ar	
Precisa de alimento	
Cresce	
Morre	

Árvore.

Precisa de ar	
Precisa de alimento	
Cresce	
Morre	

Livro.

Precisa de ar	
Precisa de alimento	
Cresce	
Morre	

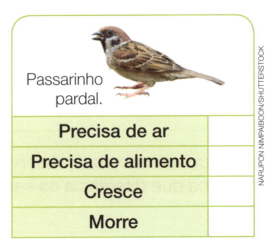
Passarinho pardal.

Precisa de ar	
Precisa de alimento	
Cresce	
Morre	

- Com base nas respostas que você deu em cada tabela, circule quais imagens representam seres vivos.

Todos os seres humanos são seres vivos. Algumas de suas características são: nascer, crescer, respirar, se alimentar e se reproduzir.

2 Desenhe, no espaço abaixo, um ser vivo diferente de você.

3 Leia a parlenda a seguir.

Cadê o toucinho que estava aqui?
O gato comeu.
Cadê o gato?
Foi para o mato.
Cadê o mato?
O fogo queimou.
Cadê o fogo?
A água apagou.
Cadê a água?

O boi bebeu.
Cadê o boi?
Foi carregar trigo para
 [as galinhas.
Cadê o trigo?
A galinha espalhou.
Cadê a galinha?
Foi botar ovo.

Domínio público.

- A parlenda cita três características dos seres vivos. Você consegue encontrá-las? Escreva abaixo.

Capítulo 2. Ciclo de vida

O **ciclo de vida** é composto de todas as etapas da vida de um ser vivo, como um animal ou uma planta. Os seres vivos nascem de outros seres vivos, crescem, podem se reproduzir e morrem.

Ciclo de vida dos animais

Veja a seguir dois exemplos de ciclo de vida de animais.

Ciclo de vida do porco

O porco nasce, cresce e se desenvolve até ficar adulto. Depois, envelhece e morre. Um porco pode viver cerca de 12 anos.

Ao longo de sua vida, o porco pode se reproduzir. Nascem até 12 filhotes por gestação. Os filhotes se desenvolvem dentro da barriga da fêmea.

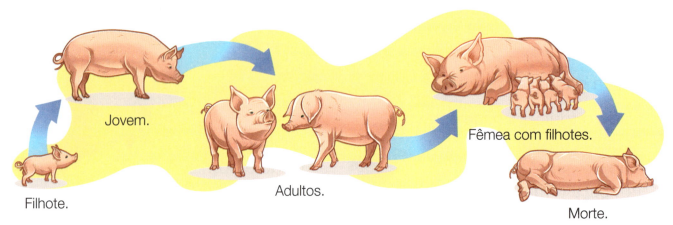

Ciclo de vida da galinha

A galinha pode botar um ovo por dia durante o período de reprodução. O pintinho se desenvolve dentro do ovo e leva cerca de 21 dias para nascer. Ele cresce, troca de penas e se torna um adulto. Com cinco meses de vida, já é capaz de se reproduzir. Uma galinha pode viver até 30 anos.

Nascimento e desenvolvimento de uma galinha.

As imagens desta página não estão representadas em escala.

1. Numere de 1 a 4 a sequência de mudanças que ocorreram ao longo da vida de Teca.

Teca cresceu e é jovem.

Teca teve três filhotes.

Teca é idosa.

Teca é filhote.

Os elementos da imagem não estão na mesma proporção. Cores-fantasia.

2. Leia o texto a seguir. Depois, faça o que se pede.

Os jacarés-de-papo-amarelo

São animais que vivem em áreas próximas a rios, lagoas e regiões que alagam. Esses jacarés nascem de ovos. Durante a época de reprodução, a fêmea bota até 50 ovos em um ninho. Eles se alimentam de peixes, caramujos, ratos, lagartos e até de algumas aves.

O jacaré-de-papo-amarelo cresce bastante e um adulto chega a medir 2 metros de comprimento e vive bastante: pode ultrapassar os 70 anos de idade.

- Desenhe, na página 153, o ciclo de vida do jacaré-de-papo-amarelo, com base nas informações do texto.

3 Complete o texto com as palavras do quadro abaixo.

| morrem | crescer | nasce | filhote |

O filhote do peixe-boi-amazônico _____ depois de aproximadamente um ano na barriga da mãe. Nasce apenas um _____ por vez, com cerca de 73 centímetros, e ele pode _____ até quase três metros!

Um peixe-boi-amazônico come muito: de nove a quinze quilogramas de comida por dia.

O macho e a fêmea são considerados adultos e capazes de gerar novos filhotes pouco depois de três anos de vida. Eles vivem em média 12 anos em cativeiro e 30 anos em vida livre.

Não se sabe por que os animais _____ mais cedo em cativeiro.

4 Marque com um ✔ as características que identificam a arara-canindé como um ser vivo.

- ☐ Ela pesa um quilograma, aproximadamente.
- ☐ Ela precisa beber água.
- ☐ Ela se alimenta de frutas, sementes e insetos.
- ☐ Ela tem de 2 a 3 filhotes por vez, que nascem de ovos.
- ☐ Ela tem cores fortes.

5 O que significa dizer que um ser vivo pode se reproduzir? Converse com os colegas e o professor sobre isso.

Muitas vezes, ao aprender uma palavra ou um conceito novo, não conseguimos entender exatamente o que ele significa. Então, **faça perguntas**! Pergunte a seus colegas, ao professor, aos pais ou responsáveis.

6 Observe o quadro abaixo. Ele mostra o tempo de gestação de alguns animais e o número de filhotes que nascem a cada gestação.

Animal	Veado-campeiro	Tamanduá-mirim	Rato	Gato	Serelepe	Anta
Tempo de gestação	7 meses	5 meses	20 dias	2 meses	45 dias	13 meses
Filhotes por gestação	1	1	7 a 20	3 a 5	2 a 3	1

Os animais estão representados fora de escala.

- Responda:

a) Qual animal tem maior tempo de gestação?

_____

b) Qual animal tem menor tempo de gestação?

_____

c) Qual animal pode ter mais filhotes por gestação?

_____

d) Quais animais têm menos filhotes por gestação?

_____

7 Desvende os enigmas para descobrir os animais que botam ovo com os formatos abaixo.

a) Rima com farinha. Tem sete letras.

b) Começa com a letra P. Vive na água.

c) Tem oito letras e rasteja.

_____ _____ _____

Ciclo de vida das plantas

A maioria das plantas nasce de uma semente. As sementes são encontradas dentro dos frutos. De cada semente nasce apenas uma nova planta, que é semelhante às plantas que originaram a semente.

O maracujá é um fruto com muitas sementes.

A ameixa tem apenas uma semente.

A vagem é um fruto e os feijões são as sementes.

Quando a semente **germina**, primeiro surge uma pequena raiz. Depois, o caule começa a crescer. Em seguida, as folhas e o caule se desenvolvem acima do solo.

O tempo de vida das plantas é bem variado. Há plantas que podem viver por muitos anos. Outras têm um ciclo de vida curto e podem viver menos de um ano.

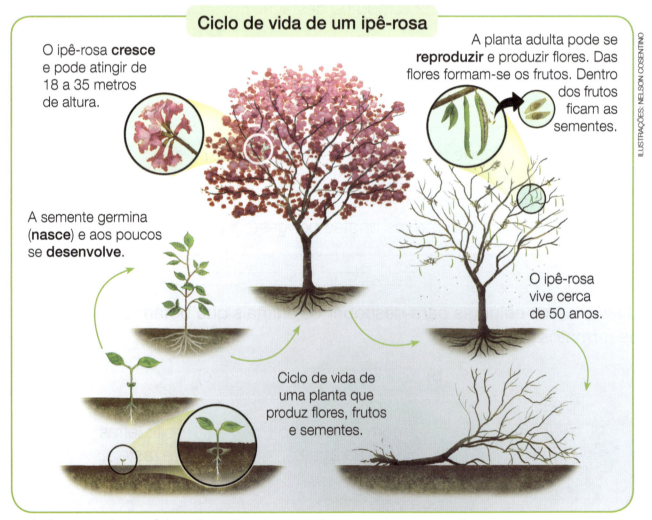

Ciclo de vida de um ipê-rosa

O ipê-rosa **cresce** e pode atingir de 18 a 35 metros de altura.

A planta adulta pode se **reproduzir** e produzir flores. Das flores formam-se os frutos. Dentro dos frutos ficam as sementes.

A semente germina (**nasce**) e aos poucos se **desenvolve**.

O ipê-rosa vive cerca de 50 anos.

Ciclo de vida de uma planta que produz flores, frutos e sementes.

As imagens desta página não estão representadas na mesma proporção.

Álbum de Ciências — Partes das plantas

O corpo das plantas é formado por raízes, caule e folhas. Muitas plantas também produzem flores e frutos.

No interior dos frutos ficam as sementes. Flores, frutos e sementes participam da reprodução das plantas.

A laranjeira produz flores e frutos.

Flor: estrutura reprodutiva da maioria das plantas.

Fruto: protege as sementes.

Folha: principal local da planta onde ocorre a produção do alimento e a respiração.

Interior do fruto.

Caule: sustenta a planta e transporta água e nutrientes.

Raízes: sustentam a planta e absorvem água e nutrientes.

Semente: dará origem a uma nova planta.

As imagens desta página não estão representadas na mesma proporção.

Existem muitas plantas diferentes. Por exemplo, as árvores podem ser altas ou baixas. Os arbustos são menores e têm seus ramos próximos ao solo. Existem plantas que crescem próximas ao chão, chamadas de plantas rasteiras.

ILUSTRAÇÕES: NELSON COSENTINO

8. Numere de 1 a 4 a sequência de imagens que representam o ciclo de vida de uma planta de milho.

Multimídia
Vamos plantar feijão?

As imagens desta página não estão representadas na mesma proporção.

9. Relacione cada fruto à sua árvore. Depois, escreva o nome da árvore.

A — Jabuticaba.   B — Manga.   C — Abacate.

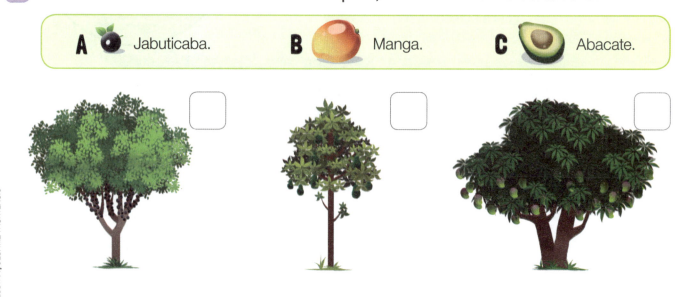

10 Observe as imagens e responda.

Mamão.

Pêssego.

Abacate.

Abóbora japonesa.

Melancia.

As imagens não estão em proporção.

a) Complete o quadro a seguir, classificando os frutos de acordo com a quantidade de sementes.

Frutos com uma semente	Frutos com várias sementes

b) Qual é a importância da semente no ciclo de vida da planta?

c) Quantas plantas novas cada fruto pode gerar? Por quê?

11 Você conhece alguma semente utilizada na alimentação das pessoas? Discuta com os colegas e o professor.

Para ler e escrever melhor

O texto apresenta **comparações** entre seres vivos.

Variedade de seres vivos

Existem seres vivos de diversas formas, tamanhos e cores. Veja alguns exemplos a seguir.

As flores fazem parte do ciclo de vida de muitas plantas. Algumas são **grandes**, coloridas e perfumadas. Outras são **pequenas** e discretas.

A flor raflésia-comum, de cor vermelha, chega a medir mais de 1 metro da ponta de uma pétala à outra ponta.

Essa orquídea é vermelha e branca e mede cerca de 2 milímetros da ponta de uma pétala à outra ponta.

Existem animais que são muito **maiores** que o ser humano. Outros são **menores** que a cabeça de um alfinete.

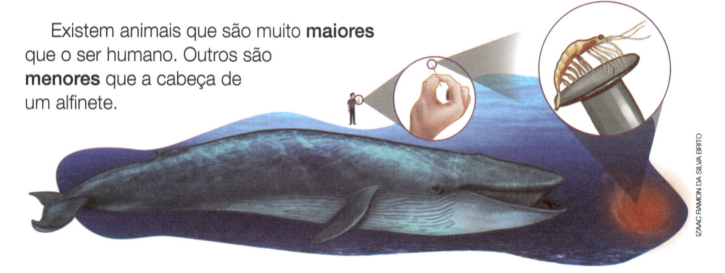

A baleia-azul mede mais de 30 metros de comprimento. Seu corpo é azulado na região das costas e acinzentado na região da barriga. Ela se alimenta de *krill*, um tipo de camarão avermelhado que mede cerca de 1 milímetro de comprimento. Cores-fantasia.

Analise

1 Faça um **X** nos temas que foram abordados no texto.

☐ Comparação entre flores de dois tamanhos.

☐ Comparação entre o tamanho de dois animais.

☐ Comparação entre uma flor e um animal.

Organize

2 Complete o quadro com as palavras indicadas abaixo.

vermelha   1 metro   2 milímetros   vermelha e branca

	Tamanho	Cor
Raflésia-comum		
Orquídea		

Escreva

3 Usando as informações do quadro, escreva uma legenda para esta imagem, comparando os dois animais que estão nela.

Pulgão   Joaninha

FABIO COLOMBINI

	Tamanho	Cor
Joaninha	1 centímetro	vermelha e preta
Pulgão	1 milímetro	verde, amarelo, vermelho ou preto

Existem muitas formas de escrever uma legenda para a imagem. **Tente elaborar** ao menos duas legendas diferentes e depois escolha a melhor.

25

Os seres humanos são seres vivos

Ao longo da vida, os seres humanos crescem, aprendem muitas coisas e o corpo se modifica.

O nascimento e a infância

A **infância** é o período que vai desde o nascimento até cerca de 12 anos.

Brincar é muito importante nessa fase, pois ajuda no crescimento e no desenvolvimento da criança.

A adolescência

Dos 12 aos 18 anos, aproximadamente, o ser humano está na **adolescência**.

Nessa fase, o corpo passa por mudanças ainda maiores, ficando bastante diferente de como era na infância. Também ocorrem muitas mudanças no modo de agir e de pensar.

A fase adulta e a velhice

Na **fase adulta**, o corpo das pessoas não passa por muitas mudanças. Nessa fase, elas têm novas responsabilidades e aprendizagens.

Na **velhice**, o corpo continua mudando, o cabelo fica branco e a pele enrugada. Os idosos adquirem, ao longo da vida, diversas experiências e podemos aprender muito com eles.

Todas as pessoas merecem respeito

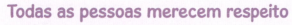

Crianças, adolescentes, adultos e idosos: todas as pessoas devem ser tratadas com respeito e igualdade.

Semelhanças e diferenças entre seres humanos

O corpo humano é dividido em: **cabeça**, **tronco**, **membros superiores** e **membros inferiores**.

A cor dos olhos, o formato do nariz, da boca e da orelha, a cor da pele e a altura são características que diferem de uma pessoa para outra.

A maneira como as pessoas se vestem, cortam e penteiam o cabelo, constroem sua moradia, entre outras coisas, é chamada de característica social e varia de acordo com o **grupo social**.

A forma de comunicação também é uma característica humana. As pessoas se comunicam principalmente por meio da fala e da escrita. Existem muitas maneiras de trocar informações: por meio de uma conversa, por computador, pelo telefone, por cartas, entre outras.

Também é possível se expressar por meio da música, da dança, de pinturas e esculturas, que são expressões da cultura de cada grupo social.

cabeça

membros superiores

tronco

membros inferiores

Jogo
Os seres humanos

Grupo social: grupo de pessoas que partilham gostos, interesses e objetivos.

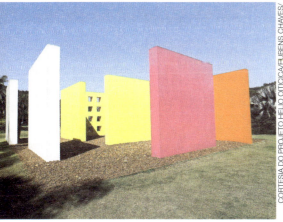

Escultura *Invenção da cor*, feita por Hélio Oiticica, no Instituto Inhotim, em Brumadinho, Minas Gerais.

Apresentação de quadrilha na festa junina em Campina Grande, na Paraíba.

Apresentação de bumba meu boi em São Luís, no Maranhão.

1. Observe Adriano em diferentes momentos de sua vida.

a) Pinte os quadros conforme a legenda.

b) Em qual imagem Adriano está mais novo?

_____

c) Qual imagem é a mais recente? Como você chegou a essa conclusão?

_____

_____

2. Você sabe o que significa a placa representada na imagem abaixo? É importante respeitar a indicação dessa placa?

_____

_____

3 Cada parte do corpo pode ser utilizada de uma forma. Escreva como você utiliza cada parte do seu corpo.

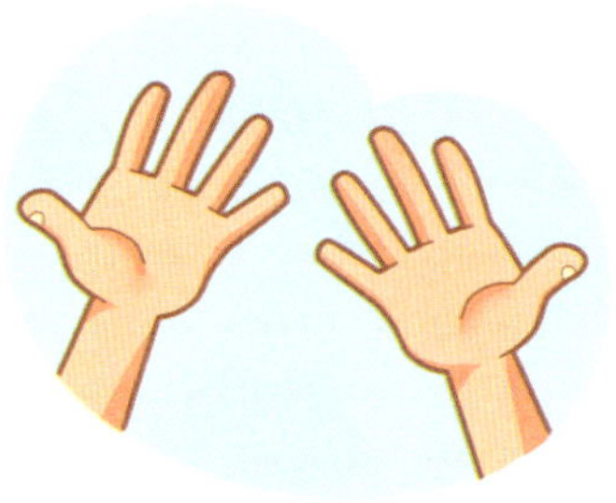

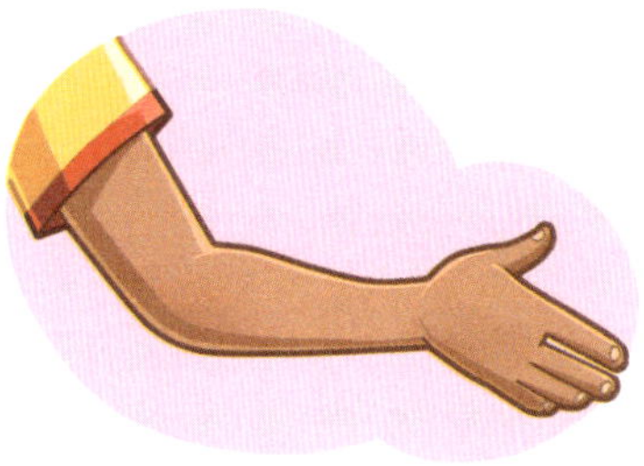

_____   _____   _____
_____   _____   _____
_____   _____   _____

4 Olhe-se em um espelho e observe suas características.

> Você já parou para pensar em como você **cria** seus desenhos? Você planeja o desenho antes de começar?

a) Faça um desenho representando seu corpo e suas características.

b) Algum desenho dos colegas ficou semelhante ao seu? Se sim, em quê?

_____
_____

5 Como você costuma expressar seus sentimentos? Explique para os colegas.

O mundo que queremos

Convivência entre crianças e idosos

Você já foi um bebê, hoje é criança, logo será um adulto. Um dia, também vai ser idoso. E como você vai conviver com pessoas que estão em outras fases da vida?

Quando crianças e idosos convivem, eles podem aprender juntos. As crianças têm a oportunidade de ouvir novas histórias, aprender a resolver problemas, desenvolver novas habilidades e até aprender tradições da família. Os idosos podem aproveitar para exercitar sua memória, para ensinar suas habilidades e conversar.

Mesmo estando em momentos diferentes da vida, crianças e idosos podem se divertir bastante juntos.

Compreenda a leitura

1 Atualmente você é um(a):

☐ Bebê.   ☐ Criança.   ☐ Adulto.

2 Complete as frases com as palavras do quadro.

crianças   histórias   memória   idosos

As _____ têm a oportunidade de ouvir novas

_____, e os _____ podem aproveitar para

exercitar sua _____.

3 Você convive com algum idoso?

☐ Sim   ☐ Não

- Se sim, qual é o nome dele?

_____

4 Conte aos seus colegas algo que você aprendeu com um idoso.

Vamos fazer

Você já pensou em criar uma atividade para fazer com um idoso?

5 Crie uma atividade que crianças e idosos possam fazer juntos. Seja criativo!

a) Pegue uma folha de papel.

b) Desenhe nela a atividade que você pretende realizar com um idoso.

c) Mostre o desenho a um idoso e explique a atividade.

d) Façam juntos a atividade.

6 Conte para os colegas como foi a experiência de realizar a atividade com o idoso.

Ao pensar na atividade que vai criar, lembre-se de que ela deve agradar a você e também ao idoso. Tente pensar a partir do **ponto de vista dele**.

O que você aprendeu

1. Complete o esquema com o que você aprendeu sobre o ciclo de vida e a forma de nascer dos seres vivos.

Ciclo de vida

Formas de nascer
- Animais
- Plantas

2. Felipe vai escolher uma planta para o seu quintal. Ele quer uma que dê frutos rápido e que se desenvolva bem em locais quentes.

	Temperatura em que cresce melhor	Tempo para dar frutos
Jaqueira	Locais quentes.	5 anos.
Pessegueiro	Locais frios.	3 a 4 anos.
Jabuticabeira	Locais nem muito quentes nem muito frios.	10 anos.

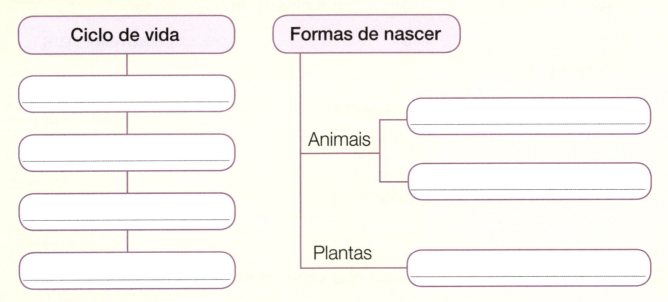

a) Qual planta Felipe deve escolher? Por quê?

b) Como ele pode obter essa planta? Discuta a questão com os colegas e o professor.

3 Observe a imagem a seguir.

a) Pinte os seres vivos.

b) Pinte os quadros que representam características comuns dos seres vivos que aparecem na imagem.

- Podem se deslocar
- Precisam de ar
- Precisam de alimento
- Morrem
- Precisam de água
- Precisam de solo
- Nascem de ovos

c) Os seres humanos também são seres vivos? Explique sua resposta.

_____
_____
_____

O QUE VOCÊ APRENDEU

4) Na página 162, você encontrará adesivos das partes do corpo de uma criança.

a) Destaque cada uma das partes e cole nos lugares correspondentes.

b) Escreva o nome de cada uma delas.

5. Identifique a fase da vida em que está cada pessoa a seguir, completando a palavra com as letras que faltam.

I ____ fân ____ i ____   Fase a ____ u ____ t ____

- Depois, explique para um colega as principais diferenças entre essas fases.

6. Observe a história de Léo.

a) Qual número corresponde à velhice? _____.

b) Os outros seres vivos também se desenvolveram? Explique.

UNIDADE 2
Componentes naturais do ambiente

Vamos conversar

1. Quais elementos do ambiente você identifica na imagem?
2. Em que situações da imagem você identifica a água?
3. A água do mar é apropriada para beber? Ela pode ser utilizada para regar as plantas?
4. Quais usos do solo você identifica na imagem?

Investigar o assunto

Fotografia mental

Muitas vezes, passamos por um ambiente sem notar os elementos que o compõem.

O que você vai fazer

Observar atentamente uma paisagem para notar os elementos do ambiente.

Material

- uma venda
- folhas de papel sulfite
- lápis de cor
- canetas coloridas

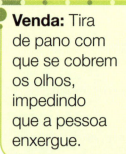

Venda: Tira de pano com que se cobrem os olhos, impedindo que a pessoa enxergue.

Como você vai fazer

1. Na sala de aula, forme dupla com um colega e peça a ele que cubra os seus olhos com a venda. A venda deve ser colocada de modo que não fique muito apertada, para não machucar, nem muito frouxa, para não permitir que você enxergue o ambiente.

2. Em seguida, o colega deve conduzi-lo até o pátio da escola. Durante o trajeto, tenham cuidado ao caminhar. O seu colega vai informar os obstáculos do caminho e ajudá-lo a desviar deles.

3. Ao chegar ao pátio, o colega deve posicioná-lo de frente para algum lugar do ambiente que ele ache interessante e retirar a sua venda. Nesse momento, você é a máquina fotográfica e o colega é o fotógrafo.

4. Você deve abrir os olhos e registrar mentalmente o que vê: o céu, as plantas, as construções e outros elementos do ambiente que desejar.

38

5. Depois, troque de posição com o colega; agora, ele será a máquina fotográfica e você, o fotógrafo. Você deve vendar o colega e conduzi-lo até outro local do pátio da escola.

6. Finalizada a atividade, vocês devem voltar para a sala de aula e desenhar a paisagem que ficou registrada na memória de cada um.

7. Com a ajuda do professor, exponham as fotografias mentais que vocês produziram e observem as que os colegas fizeram.

Para você responder

1. Que elementos do ambiente você registrou na sua fotografia mental?

_____

_____

2. Algum colega desenhou os mesmos elementos do ambiente que você? Se sim, quais elementos?

_____

_____

O que há no ambiente?

No ambiente, é possível encontrar seres vivos e componentes não vivos. Os componentes não vivos podem ser classificados em componentes construídos e componentes naturais. Todos eles se relacionam uns com os outros.

As teias de aranha, os ninhos das aves e as moradias dos seres humanos são exemplos de **componentes construídos**, pois são criados pelos seres vivos.

Os seres humanos, os peixes, as formigas e as árvores são alguns exemplos de **seres vivos**.

A água, o solo, o ar e a luz solar são **componentes naturais**: não foram criados pelos seres vivos.

1. Observe a fotografia e responda às questões.

Jardim Botânico de Curitiba, no Paraná.

a) Que seres vivos você observa na fotografia?

_____

b) Que componentes naturais existem na fotografia?

_____

c) Existem componentes construídos? Quais?

_____

2. Observe o ambiente ao seu redor. Quais componentes naturais você consegue identificar? E componentes construídos?

_____

_____

3. Pinte os espaços com símbolos, de acordo com a legenda, e identifique componentes do ambiente.

Legenda
- ● Verde
- ■ Marrom
- ▲ Cinza
- ★ Azul

- Quais componentes não vivos você encontrou? Classifique esses componentes em naturais ou construídos.

_____

_____

41

Componentes naturais

Os componentes não vivos podem ser construídos ou naturais. Veja a seguir alguns componentes naturais do ambiente.

O ar
É necessário para a respiração da maioria dos seres vivos.

A luz solar
Ilumina e aquece o nosso planeta, a Terra. As plantas precisam da luz do Sol para produzir seu alimento.

O solo
É a superfície do planeta. As plantas se fixam no solo. Animais como o tatu e as formigas constroem seus abrigos no solo.

A água
Os seres vivos precisam de água para sobreviver. A água também é o ambiente no qual habitam muitos seres vivos.

Os elementos da imagem não estão na mesma proporção. Cores-fantasia.

1. Você já reparou que a noite é geralmente mais fria que o dia? Por que você acha que isso acontece?

42

A luz solar

Ao olhar para o céu durante o dia, podemos ver o Sol. A luz e o calor do Sol são fundamentais para manter a vida no planeta Terra.

O calor do Sol é uma das causas de a temperatura em nosso planeta ser amena. Se não fosse por esse calor, a Terra seria tão gelada que não existiria vida nela.

O Sol também é essencial para as plantas. Elas precisam da luz solar, além de ar e água, para produzir seu alimento.

A luz do Sol é essencial para o desenvolvimento das plantas.

Comprimento: 2 centímetros

As plantas servem de alimento para muitos animais.

Comprimento da capivara adulta: 120 centímetros

A grama precisa da luz solar para produzir seu próprio alimento e, assim, crescer e se reproduzir. A capivara precisa da grama para se alimentar e manter-se forte e saudável e, por sua vez, serve de alimento para o carrapato. O carrapato é alimento do chupim, uma ave que também se alimenta de alguns frutos. A luz solar afeta, então, todos os seres vivos.

2 Imagine como seria o planeta Terra sem a luz e o calor do Sol. Em seguida, faça um desenho representando o que você imaginou.

- Se o Sol deixasse de emitir luz e calor, todas as plantas e os animais seriam afetados? Discuta com os colegas e o professor sobre isso.

> Antes de começar seu desenho, converse com os colegas e tente imaginar como seria a Terra sem a luz do Sol. **Antes de iniciar**, anote em seu caderno os detalhes que você gostaria de fazer em seu desenho.

3 Em dias ensolarados, não é aconselhável levar cachorros para passear nas horas mais quentes. Como eles não usam nenhum tipo de proteção nas patas, podem acabar se queimando.

a) O que esquenta a calçada ao longo do dia?

_____

b) Caso você saia com o cachorro para passear e o dia fique quente, como proteger as patas do seu animal de queimaduras?

☐ Procurar locais cobertos, com sombra, para que o cachorro possa caminhar.

☐ Carregar o cachorro no colo.

- Discuta com seus colegas a sua resposta.

Álbum de Ciências — Cuidados com o Sol

Para prevenir queimaduras na pele e outros problemas, é preciso evitar exposição prolongada ao Sol entre as dez horas da manhã e as quatro horas da tarde. Nesse período, a luz e o calor do Sol são mais intensos.

Também é recomendável passar protetor solar regularmente, usar chapéu e óculos escuros e se abrigar em lugares com sombra.

Em dias quentes, também é importante tomar bastante água. O uso de roupas frescas, como bermuda, saia e regata, e de cores claras ajuda a diminuir a sensação de calor.

- Que cuidados devemos ter para evitar queimaduras na pele ao nos expormos ao Sol?

_____
_____
_____

45

A formação da sombra

A **sombra** é a área escura que se forma quando a luz não consegue atravessar um corpo.

> **Corpo:** refere-se a um objeto, um ser vivo ou uma quantidade de material, como uma pedra, um litro de leite, um cão.

Para que a sombra se forme, são necessários uma **fonte de luz**, como o Sol ou uma lâmpada, e um corpo que não permita que a luz passe através dele, como um tronco de árvore ou um caderno.

A sombra sempre se forma do lado oposto à fonte de luz, seja ela natural ou artificial.

4 Observe a imagem de um parque no início da tarde. Depois, faça o que se pede.

a) Como esse ambiente é iluminado?

_____

b) Circule os locais mais frescos desse ambiente.

46

5 Em um dia de Sol, no parque, dois amigos procuraram a sombra de uma árvore para sentarem-se e descansarem lá.

a) Qual é a vantagem de ficar na sombra de uma árvore?

_____
_____
_____

b) Como a sombra da árvore se formou na situação acima?

Município de Alta Floresta, Mato Grosso, em 2014.

6 Observe as cenas a seguir e responda às questões.

A

João costuma brincar perto de uma árvore. De manhã, ele deixou os seus brinquedos na sombra da árvore e foi à escola.

B

Ao entardecer, quando João voltou, seus brinquedos estavam na mesma posição, mas estavam expostos ao Sol.

a) Qual é a fonte de luz que aparece nas cenas?

_____

b) Por que os brinquedos de João ficaram expostos ao Sol ao entardecer?

_____
_____

Álbum de Ciências — O início e o fim do dia

Todos os dias, o Sol "nasce" em uma direção do horizonte, percorre o céu e se "põe" em outra direção. Esse movimento é chamado de **movimento aparente do Sol** no céu.

Os elementos da imagem estão representados fora de proporção. Cores-fantasia.

O caminho que o Sol percorre no céu, representado pela seta vermelha, segue aproximadamente a mesma direção e sentido todos os dias. O Sol surge no horizonte na direção leste e "se põe" na direção oeste.

O **"nascer" do Sol** marca o início do dia, e o **"pôr" do Sol** marca o fim do dia e o início da noite. Nesses momentos, se não houver muitas nuvens, o céu pode ficar alaranjado, avermelhado ou rosado.

"Pôr" do Sol visto do Canal da Barra da Tijuca, no município do Rio de Janeiro, Rio de Janeiro, em 2016.

48

7 Qual é o caminho que o Sol percorre no céu?

a) Desenhe no espaço abaixo as posições do Sol no céu ao longo do dia.

b) Em seguida, pinte o desenho.

8 Observe as duas fotografias. Elas foram feitas no mesmo dia, mas em horários diferentes.

a) Compare as duas imagens. Qual das imagens apresenta a sombra mais longa?

☐ Imagem A.   ☐ Imagem B.

b) A diferença entre o tamanho das sombras ocorre porque:

☐ Os objetos mudaram de posição.
☐ Mudou a fonte de luz que ilumina os objetos.
☐ A posição do Sol no céu mudou.

A água

A água forma os mares, os rios, os lagos e as lagoas. Além disso, há água misturada ao solo e há água em forma de gelo, nas geleiras. As nuvens que estão no ar também são formadas por minúsculas gotas de água. A presença ou a falta de água modificam muito o ambiente e os seres vivos que vivem nele.

Atividade interativa
Não desperdice água

Geleiras: locais onde a neve se acumula, formando grandes blocos de gelo.

A frequência e a quantidade de chuvas que caem em uma região alteram o ambiente.

A água presente no ar pode congelar em dias muito frios e formar pedaços de gelo, que se acumulam sobre as plantas e em vidros de janelas e carros, por exemplo. Esse fenômeno é chamado de geada.

Mesmo embaixo da terra, podemos encontrar água. Ela pode estar entre os grãos do solo ou formar rios em cavernas.

A água está no mar, nas nuvens, no ar e misturada ao solo.

50

9. Utilizando as palavras do quadro, escreva a forma em que encontramos a água em cada uma das imagens.

gotas   gelo

_____   _____   _____

10. Observe as imagens e depois responda às questões.

Região do Pantanal em período de cheia.   Região do Pantanal em período de seca.

a) Em qual imagem há mais água no ambiente?

☐ Imagem A.   ☐ Imagem B.

b) A quantidade de água disponível modifica um ambiente?

☐ Sim.   ☐ Não.

c) Com um colega, compare as imagens. Quais diferenças vocês observam entre elas?

O mundo que queremos

Evitando acidentes causados pelo mau uso da água

Em casa, é importante ter alguns cuidados ao usar a água em nossas atividades. O mau uso pode causar acidentes. Vamos ver alguns cuidados importantes na prevenção desses acidentes.

Banheiro

- Se houver crianças pequenas em casa, mantenha a tampa da privada sempre fechada.
- Nunca deixe uma criança pequena na banheira sem supervisão.
- Antes do banho, é importante testar a temperatura da água. Se estiver muito quente, pode causar queimaduras.
- Ao terminar o banho, enxugue o corpo. Assim, você evita molhar o restante do banheiro e provocar quedas.

Cozinha

- Não mexa em panelas com água fervente nem tente ferver água sem a supervisão de um adulto.
- Não puxe a toalha de mesa. Se houver algo quente em cima dela, como líquidos e alimentos, pode cair e causar queimaduras.

Área de serviço

- Baldes e bacias devem ser guardados vazios e virados para baixo.
- A tampa do ralo do tanque deve estar longe do alcance de crianças.

Piscina

- Não nade sozinho: tenha sempre um adulto responsável por perto.
- Após usar piscinas infláveis ou desmontáveis, esvazie-as e guarde-as.
- Não mergulhe em locais rasos.
- Cuidado com a temperatura da água. Se estiver muito fria, pode causar choque térmico.

52

Compreenda a leitura

1. Assinale os cuidados que são necessários para evitar acidentes no banheiro.

☐ Antes do banho, é importante testar a temperatura da água. Se estiver muito quente, pode causar queimaduras.

☐ Baldes e bacias devem ser guardados vazios e virados para baixo.

☐ Não puxe a toalha de mesa. Se houver algo quente em cima dela, como líquidos e alimentos, pode cair e causar queimaduras.

☐ Ao terminar o banho, enxugue o corpo. Assim, você evita molhar o restante do banheiro e provocar quedas.

 2. Represente um cuidado necessário para evitar acidentes na piscina.

Vamos fazer

 3. Como é possível prevenir acidentes relacionados à água na sua escola? Em grupos, percorram os ambientes da escola e verifiquem se existem locais em que podem ocorrer acidentes.

a) Anotem os locais em que vocês identificaram que podem ocorrer acidentes.

b) Discutam algumas formas de prevenir acidentes nesses locais.

c) Planejem e produzam recados com formas de evitar esses acidentes. Gravem esses recados em vídeo e apresentem aos colegas.

 Nem sempre o vídeo vai sair como imaginamos. Refaçam os textos, mudem o local de gravação, **tentem** novamente até obter um resultado de que vocês gostem.

53

O ar

Não podemos ver o ar, mas ele está por toda parte, até mesmo misturado ao solo.

O ar é formado por uma mistura de gases. Nessa mistura, existe maior quantidade de gás nitrogênio e gás oxigênio. Os outros gases, como o gás carbônico, estão presentes em pequena quantidade. No ar também há vapor de água.

Na natureza, o ar pode se mover de um lugar para outro. Essa movimentação do ar é chamada de **vento**.

Os seres vivos precisam de ar. O gás oxigênio é necessário para a respiração de animais e plantas. Animais e plantas aquáticos utilizam o gás oxigênio misturado à água.

O gás carbônico é usado pelas plantas para que produzam o seu próprio alimento.

11 Resolva a cruzadinha.

A. Está por toda parte, mas não conseguimos vê-lo.

B. Como é chamado o ar em movimento.

C. Gás usado pelas plantas para que produzam o próprio alimento.

D. Gás usado na respiração dos seres vivos.

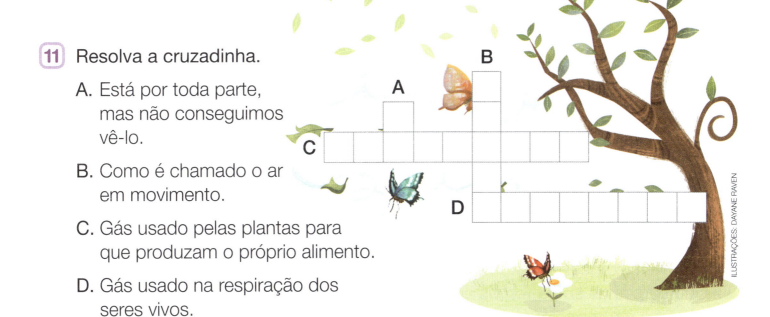

12 Na página 54, circule os objetos ou brinquedos que precisam de ar para funcionar ou subir.

13 Observe o diagrama a seguir e responda.

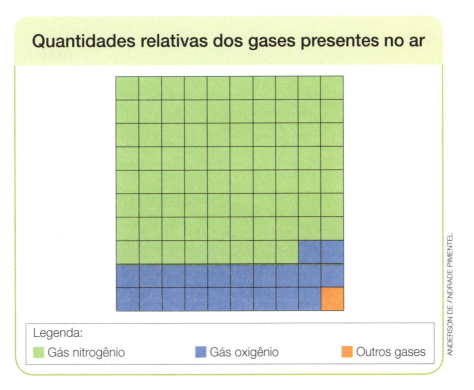

a) Qual é o gás presente em maior quantidade no ar?

_____

b) O gráfico está dividido em 100 quadradinhos. Quantos deles correspondem à quantidade de gás oxigênio no ar?

_____

O solo

O solo é uma mistura de pedaços de rochas de formas e tamanhos variados, restos de seres vivos, como folhas caídas e detritos de animais, além de ar e água.

Há solos de diversos tipos: secos e pedregosos, úmidos e formados por grãos bem finos. Existem solos claros, escuros e de diversas cores. Dependendo do tipo de solo, há maior ou menor quantidade de água e de ar entre os grãos que o formam.

É no solo que o ser humano cultiva a maioria dos seus alimentos. Chamamos de **solos férteis** aqueles que contêm água, nutrientes e gás oxigênio em quantidades adequadas para as plantas fixarem suas raízes e crescerem fortes e saudáveis.

Os seres humanos constroem suas moradias sobre o solo. É no solo também que vivem muitos animais, como minhocas e formigas.

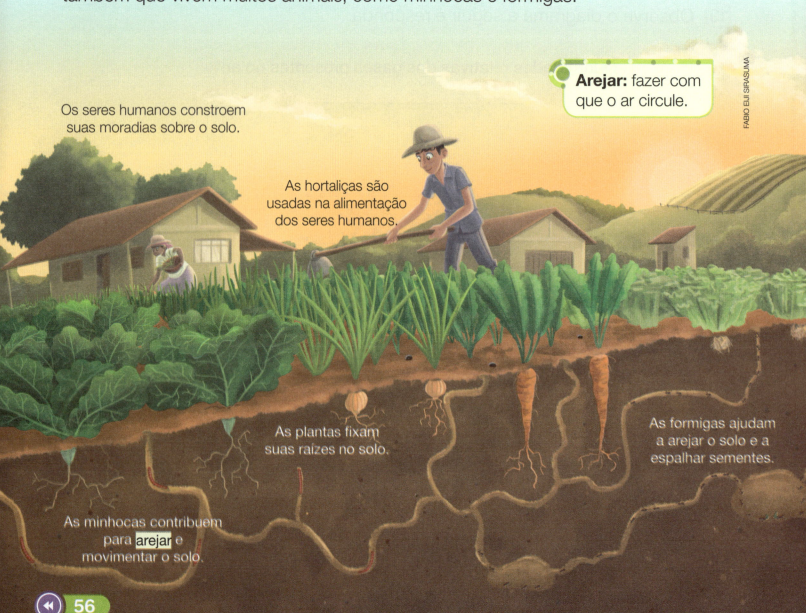

Arejar: fazer com que o ar circule.

Os seres humanos constroem suas moradias sobre o solo.

As hortaliças são usadas na alimentação dos seres humanos.

As plantas fixam suas raízes no solo.

As formigas ajudam a arejar o solo e a espalhar sementes.

As minhocas contribuem para arejar e movimentar o solo.

56

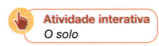

14 Discuta com um colega: qual importância vocês acham que o solo tem em sua vida? Anote a conclusão de vocês.

___

 Ao discutir a questão com o colega, **tente selecionar** as palavras que você vai dizer para que ele consiga compreendê-lo melhor.

15 Pinte o que foi construído pelos seres humanos sobre o solo.

16 Utilizando os materiais das páginas 157 e 159, faça o que se pede.

a) Destaque as figuras da página 157.

b) Desenhe, na página 159, alguma paisagem em que seja possível observar o solo.

c) Cole, na sua paisagem, as figuras da página 157 que julgar pertinentes.

d) Ao final, façam uma exposição das montagens e expliquem aos colegas os motivos da escolha dos itens que vocês colaram.

CAPÍTULO 3. Cada ambiente é de um jeito

Na Terra, existe uma grande diversidade de ambientes. Os seres vivos que habitam cada ambiente são diferentes uns dos outros. As características dos componentes naturais e dos componentes construídos também variam.

Algumas características que diferenciam os ambientes são:

- a temperatura (se um ambiente é mais quente ou mais frio);
- a quantidade de chuva que cai na região (se chove pouco ou muito) e quando as chuvas ocorrem;
- a presença de luz solar (se o ambiente tem mais ou menos iluminação do Sol);
- os seres vivos que existem no ambiente.

Os pinguins vivem em ambientes bastante frios e com gelo.

A Floresta Amazônica é um ambiente com bastante chuva, plantas em abundância e grande biodiversidade.

No mar, a quantidade de luz varia de acordo com a profundidade: quanto mais fundo, mais escuro o ambiente.

Nas cavernas, a luz só entra quando há aberturas nas rochas. A temperatura varia pouco e geralmente o ar é bastante úmido. Existe pouca variedade de seres vivos.

Ambiente aquático

Ambientes **aquáticos** são cobertos por água. Eles podem ser de **água salgada**, como oceanos e mares, ou de **água doce**, como rios e riachos. A água doce tem esse nome porque apresenta menos sal que a água salgada.

A quantidade de luz no ambiente aquático varia com a profundidade: quanto mais fundo, mais escuro é o ambiente. Não ocorrem grandes variações de temperatura ao longo do tempo.

Cardume de piraputangas no Rio Bonito. Nesse rio, também podemos encontrar plantas fixadas no solo ou flutuantes. Município de Bonito, Mato Grosso do Sul, em 2017.

 1 Faça um desenho representando um ambiente aquático.

- Depois, complete as informações do quadro.

✔ Existe luz nesse ambiente? _____

✔ Esse ambiente é de água doce ou água salgada? _____

✔ Você desenhou algum animal? Qual? _____

✔ Você desenhou alguma planta? Qual? _____

Ambiente terrestre

Ambientes de terra firme, como florestas, campos e desertos, são chamados **terrestres**. Neles, as variações de temperatura são maiores em relação ao ambiente aquático.

A quantidade de água disponível em um ambiente terrestre está relacionada à diversidade de seres vivos que o habitam. Ou seja, a maior quantidade de água em um ambiente permite que mais seres vivos habitem aquele local.

Isso ocorre porque os seres vivos precisam de água para sobreviver, mesmo os que vivem em ambientes terrestres.

O tipo de solo também varia bastante, de acordo com o ambiente e com os seres vivos que nele habitam.

Na Serra da Capivara, as chuvas são raras e a temperatura geralmente é alta. Município de Canoas, Piauí, em 2009.

2 Complete a frase com as palavras do quadro.

> temperatura   terrestre   aquático

No ambiente _____, existe maior variação de _____ do que no ambiente _____.

3 Observe as fotos e responda às questões.

a) Qual é o componente natural que existe em pouca quantidade no ambiente A, mas é abundante no ambiente B?

_____

b) Em qual dos dois ambientes aparece maior variedade de seres vivos (animais e plantas)?

_____

c) Por que você acha que isso acontece?

_____

_____

4 Complete o quadro comparando os dois ambientes.

	Ambiente terrestre	Ambiente aquático
Gás oxigênio		
Luz solar		
Variação de temperatura		

61

Para ler e escrever melhor

> O texto **compara** o ambiente de Mata Atlântica com o ambiente de Caatinga.

Brasil: um país de diferentes ambientes

A disponibilidade de água, o tipo de solo e as variações de temperatura são alguns dos fatores que afetam a quantidade e os tipos de ser vivo que encontramos em cada ambiente. Vamos comparar dois ambientes com diferentes características que encontramos no Brasil: a Mata Atlântica e a Caatinga.

Em uma parte do país encontramos a Mata Atlântica, um ambiente, de maneira geral, quente e bastante chuvoso. No entanto, em outra parte do país, encontramos a Caatinga, um ambiente quente e com longos períodos de seca.

Diferentes tipos de floresta fazem parte da vegetação da Mata Atlântica. A vegetação da Caatinga é composta de árvores baixas e arbustos.

Quanto aos animais, o mico-leão-dourado é um dos representantes da Mata Atlântica. Na Caatinga, a maioria dos animais tem hábito noturno, como o tatu-bola.

Encontramos maior diversidade de seres vivos na Mata Atlântica do que na Caatinga. As características dos dois ambientes contribuem para compor a rica diversidade do nosso país.

Mico-leão-dourado, animal encontrado na Mata Atlântica.

Tatu-bola, animal encontrado na Caatinga.

Parque Estadual de Ilhabela, no estado de São Paulo.

Parque Nacional da Serra das Confusões, no estado do Piauí.

Analise

1 Quais aspectos dos ambientes são comparados no texto?

_____

2 Qual dos dois ambientes apresenta maior diversidade de seres vivos?

_____

Organize

3 Complete o quadro com as informações do texto sobre os ambientes.

	Mata Atlântica	Caatinga
Chuva		
Vegetação		
Animais		

Escreva

4 Leia as informações apresentadas no quadro abaixo. Depois, escreva um texto comparando esses ambientes.

	Praia	Fazenda
Plantas	Plantas rasteiras.	Árvores, arbustos, grama.
Animais	Siris, caranguejos, gaivotas.	Vacas, cavalos, galinhas.

O que você aprendeu

1. Complete o texto nos quadros.

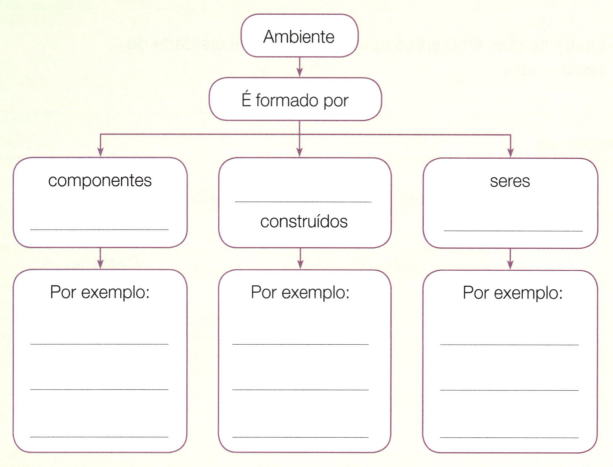

2. Faça um desenho em que se possam observar dois componentes construídos: um pelo ser humano e outro por outro ser vivo.

- Escreva uma legenda para o seu desenho.

_____

_____

3 Pinte os quadrinhos de acordo com o nome escrito neles: seres vivos, de vermelho; componentes naturais, de verde; componentes construídos, de azul.

- Elabore uma frase utilizando o termo *ambiente* e três palavras dos quadrinhos pintados de cores diferentes.

_____

_____

4 Avalie os elementos das imagens abaixo. Depois, desenhe a posição em que o Sol deve estar em cada imagem.

5 Por que é importante se proteger do Sol entre as 10 horas da manhã e as 4 horas da tarde?

_____

_____

O QUE VOCÊ APRENDEU

6 Leia o texto a seguir e, depois, faça o que se pede.

O susto dos coleirinhos

A chuva não parava. Isso preocupava a passarinhada. O passarinho novo, que havia nascido no ninho, bem perto da janela da casa da fazenda, estava em perigo. Os pais coleirinhos tinham decidido fazer ninho naquela árvore. Foi um erro. A árvore era bonita, florida, mas era pequena. Na verdade, era um arbusto, uma planta que não cresce muito.

O filhote nasceu bem bonito apesar da falta de penas. Isso é comum, porque passarinho nasce pelado, que nem gente.

A perigosa vida dos passarinhos pequenos, de Miriam Leitão. São Paulo: Rocco, 2013.

a) Escreva um componente natural citado no texto.

_____

b) Escreva uma relação entre um componente construído e um ser vivo.

_____

_____

_____

c) Como o componente natural citado no texto pode afetar o componente construído?

_____

_____

7 Observe as cenas a seguir e responda à questão.

Como o cata-vento gira, se ninguém está assoprando?

- Como você responderia à pergunta feita pelo menino?

_____
_____
_____

8 Em grupo, discutam as questões e, depois, anotem suas respostas.

a) Como vocês se relacionam com componentes naturais?

_____
_____
_____

b) Como vocês se relacionam com componentes construídos?

_____
_____
_____

c) Como vocês se relacionam com outros seres vivos?

_____
_____
_____

67

UNIDADE 3
Relações entre os seres vivos e o ambiente

1. Planta aquática
2. Planta terrestre
3. Luz solar
4. Solo
5. Água
6. Componente construído
7. Ar

Vamos conversar

1. Numere os componentes do ambiente de acordo com a legenda apresentada.
2. Os seres vivos precisam de componentes naturais do ambiente para sobreviver. Circule, em vermelho, um exemplo na imagem.
3. Os seres vivos precisam de outros seres vivos para sobreviver. Circule, em preto, um exemplo na imagem.

Os elementos desta imagem não estão na mesma proporção.

Investigar o assunto

Observação em campo

Ao observar o ambiente, é possível fazer muitas descobertas. Você já observou de forma atenta o que está ao seu redor?

 • Feche os olhos e imagine uma praça: o que é possível observar nela? Descreva para um colega.

O que você vai fazer

Observar os componentes que formam um ambiente externo, como o jardim da escola ou uma praça.

Material

- ✔ caderno
- ✔ lápis preto
- ✔ lápis de cores variadas
- ✔ lupa de mão (opcional)

Atenção: esta atividade deve ser realizada com a supervisão de um adulto.

Como você vai fazer

 1. Forme um grupo com dois ou três colegas.

2. Escolham um local para a observação. Pode ser um canto do jardim ou perto de uma árvore.

3. Observem as plantas, os animais e o solo. Reparem se está quente ou frio, chuvoso ou ensolarado. Não toquem nos animais.

4. Durante a observação, percebam os cheiros, as cores, as texturas e os sons do ambiente. Anotem o que acharem interessante.

5. Quando retornarem à sala de aula, façam individualmente um desenho desse lugar em uma folha de papel em branco. Depois, escrevam uma frase sobre o que vocês encontraram no local observado.

Ao fazer o seu desenho, tente reproduzir da melhor forma o que você viu. Seja rigoroso com as cores e formas, são elas que vão dar **clareza** ao seu desenho.

Para você responder

1. Responda às questões sobre o local observado.

   a) Você viu algum ser vivo? Quais?

   _____

   _____

   b) Quais outros componentes do ambiente você viu?

   _____

   _____

   c) Havia alguma construção feita por seres humanos? Quais?

   _____

   _____

2. O local observado se parece com o que você havia imaginado? Converse com os colegas e o professor sobre isso.

CAPÍTULO 1 — Relações entre os componentes do ambiente

1. Observe o ambiente em que você está e responda.

    a) Há seres vivos e componentes naturais nesse ambiente? Escreva um exemplo de cada um.

    _____

    _____

     b) Como você acha que esses componentes interagem?

Em um ambiente todos os elementos interagem. Os componentes naturais se relacionam com os componentes construídos. A água da chuva e os ventos podem danificar teias, ninhos e até casas, por exemplo.

Seres vivos e componentes naturais

Os seres vivos se relacionam com componentes naturais. Por meio de suas ações, os seres vivos modificam o ambiente em que vivem.

Plantas que crescem em locais rochosos modificam o solo e permitem que novas plantas cresçam. Município de Uiramutã, Roraima, em 2015.

TALES AZZI/PULSAR IMAGENS

A água, por exemplo, é um componente natural do qual os seres vivos dependem para viver.

Comprimento: 170 centímetros.

Anta bebendo água em rio. A anta também usa a água dos rios para se limpar.

Comprimento: 13 centímetros.

As minhocas cavam buracos no solo e o deixam fofo e arejado.

Arejado: Por onde o ar passa com facilidade.

As minhocas usam o solo como abrigo e o modificam. Ao fazer isso, também tornam o solo mais fértil para as plantas.

A luz solar e o ar também são indispensáveis para que exista vida em nosso planeta.

As plantas crescem sobre o solo e precisam de luz solar para produzir seu alimento. A luz solar aquece e ilumina a Terra. O ar presente no ambiente é necessário para a respiração dos seres vivos.

73

Os seres vivos precisam de água

A água é um componente natural necessário a todos os seres vivos. As plantas necessitam de água para produzir seu próprio alimento, crescer e se desenvolver.

Os animais utilizam a água para beber e tomar banho, por exemplo. Os seres humanos também usam a água para lavar roupas, preparar alimentos e em muitas outras atividades.

 2. Escreva uma legenda para cada imagem, mostrando a importância da água para os seres vivos.

a)

b)

c)

d)

 Como será que cada ser vivo interage com a água? **Descobrir essa resposta** ajudará na produção das legendas.

Os seres vivos precisam de ar

A respiração faz parte do processo pelo qual os seres vivos obtêm energia. Para a respiração ocorrer, as plantas e os animais precisam de gás oxigênio. Esse gás está no ar, no solo ou misturado na água.

Para produzir seu alimento, as plantas precisam de gás carbônico, que também está presente no ar.

As plantas e os animais aquáticos utilizam o gás oxigênio que está misturado na água.

Comprimento: 40 centímetros.

3 Observe as imagens, leia as legendas e responda.

Comprimento: 1 centímetro.

O girino respira o gás oxigênio que está misturado na água.

Comprimento: 10 centímetros.

O sapo respira o gás oxigênio presente no ar.

- O girino e o sapo adulto obtêm o gás oxigênio da mesma maneira? Explique.

_____
_____
_____

Os seres vivos precisam de luz solar

Plantas e animais precisam de energia para crescer e se reproduzir. As plantas usam a luz solar para produzir seu alimento e obter energia. Comer fornece energia aos animais, por isso os animais que se alimentam de plantas obtêm delas a energia de que necessitam para sobreviver.

A luz solar aquece a superfície da Terra e fornece calor. Muitos animais, como os lagartos e as serpentes, dependem desse calor para aquecer o corpo.

O calor do Sol aquece o corpo do teiú, permitindo que ele se mova rapidamente.

Comprimento: 50 centímetros.

Como as plantas produzem seu alimento

As plantas produzem o seu próprio alimento utilizando água, gás carbônico do ar e luz solar. Essa transformação é chamada de **fotossíntese** e ocorre principalmente nas folhas das plantas.

Além de alimento para a planta, a fotossíntese também produz gás oxigênio, que é liberado no ar.

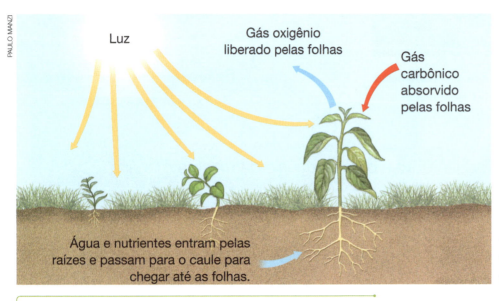

Luz

Gás oxigênio liberado pelas folhas

Gás carbônico absorvido pelas folhas

Água e nutrientes entram pelas raízes e passam para o caule para chegar até as folhas.

O alimento produzido nas folhas é distribuído para todas as partes da planta.

Representação simplificada fora de proporção. Cores-fantasia.

4 Paula colocou uma planta na sala de seu apartamento, que ficava sempre com as cortinas fechadas. Ela regava a planta frequentemente, mas, depois de um tempo, notou que a planta estava amarelada e não parecia saudável.

a) O que pode estar afetando a saúde da planta?

_____

_____

b) Que sugestão você daria a Paula?

_____

_____

_____

_____

5 Ligue a planta jovem à planta adulta.
- Use o caminho que passa apenas pelos componentes naturais do ambiente que se relacionam com a planta.

Representação artística. Cores-fantasia.

- Qual componente natural de que as plantas precisam para sobreviver não aparece no labirinto?

_____

Seres vivos e componentes construídos

Os seres vivos se relacionam com componentes construídos. Diversos animais fazem construções como ninhos ou buracos para se abrigar. Alguns animais se aproveitam de construções feitas por outros, como é o caso da cutia.

Comprimento: 50 centímetros.

A cutia usa tocas abandonadas de tatu-canastra para se abrigar. Na imagem, a cutia está carregando um fruto chamado acuri para a sua toca.

Assim como os animais constroem ninhos e cavam buracos, os seres humanos constroem moradias e objetos.

Por meio de suas ações, os seres vivos modificam o ambiente onde vivem.

Comprimento: 140 centímetros.

Os tuiuiús recolhem gravetos para construir seus ninhos no alto das árvores.

Os seres humanos modificam o ambiente construindo, por exemplo, estradas e túneis.

6 Leia o texto a seguir.

O joão-de-barro usa terra úmida para fazer seu ninho, onde protege e cuida dos filhotes.

A fêmea e o macho participam da construção usando o bico e os pés para modelar o barro.

Comprimento: 15 centímetros.

João-de-barro.

a) Cite uma interação entre o joão-de-barro e um componente natural do ambiente.

___

b) Qual é a função do componente construído pelo joão-de-barro?

___

7 Nas colmeias, as abelhas colocam seus ovos, desenvolvem-se e produzem mel.

Colmeia de abelhas em ambiente natural.

Caixa de madeira com colmeia para criação de abelhas.

a) Qual das colmeias é um componente construído? Por quê?

___

b) Em qual das colmeias as abelhas são capazes de se desenvolver, reproduzir e produzir o mel?

___

CAPÍTULO 2

Os seres vivos se relacionam entre si

Os seres vivos se relacionam uns com os outros no ambiente em que vivem.

Essas relações são importantes para a sobrevivência dos seres vivos e podem trazer benefícios, como abrigo, alimento e proteção. As relações também podem ser prejudiciais a um dos indivíduos ou mesmo não trazer benefício nem prejuízo.

Comprimento: 8 centímetros.

Os peixes-palhaço utilizam as anêmonas, que são animais venenosos, como abrigo para se proteger de outros animais.

Comprimento: 4 centímetros.

Besouros se alimentam de néctar e ajudam na reprodução das plantas.

Comprimento: 19 centímetros.

O martim-pescador alimenta-se de peixes.

1. Faça um X na imagem que mostra um exemplo de relação entre dois seres vivos.

Comprimento: 10 centímetros.

Beija-flor sugando néctar da flor.

Comprimento: 20 centímetros.

Tuco-tuco cavando toca.

- Qual é a relação entre os seres vivos da imagem?

2. No desenho abaixo, circule quatro situações em que os seres vivos se relacionam entre si.

Os elementos da imagem não estão na mesma proporção.

3. Leia o texto e faça o que se pede.

O jerivá é uma palmeira que atinge 15 metros de altura. Pode ser encontrado em locais quentes e úmidos. Suas flores e seus frutos fornecem alimento para diversos animais.

Maritacas se alimentam dos frutos do jerivá.

Comprimento: 25 centímetros.

Comprimento: 10 metros.

Jerivá.

a) Em que tipo de ambiente o jerivá é encontrado?

_____

b) Sublinhe no texto um exemplo de interação entre seres vivos.

Interação por meio da alimentação

De acordo com a alimentação, os animais podem ser classificados em herbívoros, carnívoros ou onívoros.

- **Herbívoros:** são animais que se alimentam apenas de plantas. Um exemplo é o peixe-boi, que se alimenta de algas e plantas aquáticas.

O capim-agulha faz parte da alimentação do peixe-boi.

Peixe-boi-marinho.

- **Carnívoros:** são animais que se alimentam de outros animais, como o louva-a-deus, que come principalmente outros pequenos animais, como libélulas e aranhas.

A libélula faz parte da alimentação do louva-a-deus.

Louva-a-deus.

- **Onívoros:** são animais que comem plantas e outros animais. É o caso do gambá, que se alimenta de frutos, raízes, folhas, besouros, sapos etc.

Frutos e insetos fazem parte da alimentação do gambá.

Gambá.

4 As borboletas vivem em áreas de mata, mas podem ser vistas em parques e jardins. Elas se alimentam do néctar das flores e podem ter diferentes cores. Responda:

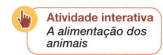

a) Do que as borboletas se alimentam?

_____

b) De acordo com a alimentação, como elas podem ser classificadas?

_____

5 Observe os alimentos de cada animal. Depois, escreva se o animal é herbívoro, carnívoro ou onívoro.

Ema

Coruja

Anta

6 Leia o texto e depois responda às questões.

A jabuticabeira

Na praça, tem uma jabuticabeira.
Quando tem flores,
das abelhas é companheira.

Quando vêm os frutos,
parece dia de feira!
A passarada logo chega:
um boa refeição ninguém nega.

- Identifique, no texto, duas relações alimentares.

_____

_____

83

Para ler e escrever melhor

> O texto apresenta as **causas** e as **consequências** das perdas na produção de alimentos.

O calor e a seca afetam a produção de plantas para a alimentação

Nos últimos tempos, a produção de alguns tipos de frutas, verduras e legumes tem sido prejudicada.

Algumas regiões do Brasil enfrentam calor excessivo e longos períodos de seca, o que **causa** prejuízos ao solo e perdas na produção de alimentos.

A **consequência** das perdas na produção é percebida diretamente pelos consumidores. Esses alimentos são vendidos por um alto preço e com baixa qualidade.

A falta de água prejudica o desenvolvimento das plantas. Na imagem, plantação de café no município de Seabra, no estado da Bahia, em 2014.

Analise

1 Responda às questões assinalando as palavras relacionadas ao texto.

a) As plantas citadas no texto são utilizadas para:

☐ artesanato.   ☐ alimentação.   ☐ decoração.

b) O que tem causado perdas na produção de alimentos?

☐ O calor e a seca.   ☐ Altos preços.   ☐ Baixa qualidade.

Organize

2 Complete o esquema de acordo com as informações apresentadas no texto.

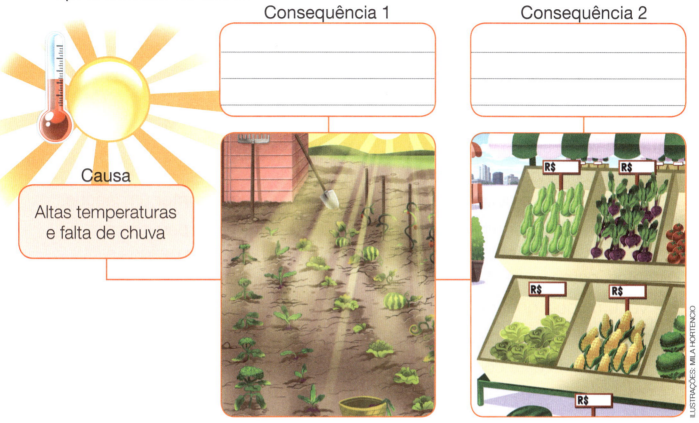

Consequência 1

Consequência 2

Causa

Altas temperaturas e falta de chuva

Escreva

3 Leia as informações no esquema a seguir.

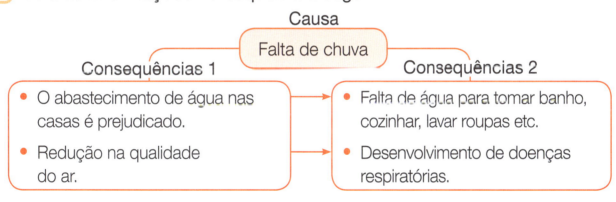

Causa

Falta de chuva

Consequências 1
- O abastecimento de água nas casas é prejudicado.
- Redução na qualidade do ar.

Consequências 2
- Falta de água para tomar banho, cozinhar, lavar roupas etc.
- Desenvolvimento de doenças respiratórias.

- Escreva, no caderno, um texto que explique as consequências que a falta de chuva causa aos seres humanos.

Ao terminar de escrever o texto, leia-o mais uma vez. As palavras foram bem escolhidas? As causas e consequências foram **explicadas com clareza**?

85

CAPÍTULO 3 — O ser humano percebe e modifica o ambiente

Muitas coisas acontecem ao nosso redor ao mesmo tempo. Imagine que você está brincando de esconde-esconde em um parque.

Para brincar, você precisa **prestar atenção** para verificar se seu colega está atrás de você, **ouvir** de onde vem o barulho para **decidir** se busca um novo esconderijo ou fica onde está e, ao correr, tomar cuidado para **desviar** de árvores, pedras e bancos. Também é preciso tomar cuidado para que seu colega não **toque** em você, senão você perde a brincadeira.

Ao final da brincadeira, cansados e com calor, vocês sentem um **cheiro** gostoso: passou o pipoqueiro e todos decidem parar para **comer** um lanche.

É preciso perceber e interpretar os estímulos do ambiente para tomar decisões. Essas decisões também nos ajudam a evitar alguns perigos e acidentes, como:

- ver uma bola que vem em nossa direção e conseguir desviar;
- perceber que a água está muito quente, evitamos nos queimar;
- se a comida está com gosto esquisito e precisa ser jogada fora.

ILUSTRAÇÕES: ARTUR FUJITA

1 Pense em uma situação em que é preciso perceber o ambiente e tomar uma decisão.

a) Faça um desenho que represente essa situação e elabore uma legenda para ele.

b) Depois, reúnam os desenhos e componham um álbum com as situações escolhidas por vocês. Decidam, em grupo, a ordem em que os desenhos vão aparecer no álbum.

c) Escolham um título e elaborem uma capa para o álbum de vocês.

> Lembre-se de permanecer tranquilo enquanto a ordem em que aparecem os desenhos no álbum é decidida. Resolvam em conjunto e com **calma** como essa ordem será definida.

86

Os sentidos

O corpo humano tem cinco sentidos:

- A **visão** permite enxergar, diferenciando cores e formas.
- A **audição** permite escutar os sons.
- O **tato** permite diferenciar a temperatura, a textura e a forma de seres vivos e objetos.
- O **olfato** permite perceber cheiros.
- A **gustação** permite sentir gostos.

Com os sentidos, nós podemos perceber e descobrir o ambiente que nos cerca. Assim, conseguimos reconhecer pessoas, animais e perceber situações perigosas.

Na maioria das situações do dia a dia, usamos vários sentidos ao mesmo tempo.

Ao comer, percebemos gostos e cheiros.

Para brincar de dança da cadeira, é preciso ouvir a música e observar onde estão os assentos.

Multimídia
Libras

Deficiência visual e deficiência auditiva

Quando uma pessoa perde a visão ou a audição, diz-se que ela é uma pessoa com deficiência visual ou auditiva.

As pessoas com deficiência podem ser independentes. Elas apenas precisam de outros recursos, como uma bengala que as ajude a sentir os obstáculos presentes no chão ou uma língua que usa sinais com as mãos em vez de sons.

87

Os órgãos dos sentidos

O nosso corpo tem **órgãos** especializados em captar as informações do ambiente.

Os **olhos** são os órgãos da visão. Eles são sensíveis à **luz**.

As **orelhas** são os órgãos da audição.

O órgão do tato é a **pele**.

O órgão do olfato é o **nariz**. Com o ar que respiramos, entram no nariz diversas **substâncias**, que são percebidas como cheiros diferentes.

A **língua** é o principal órgão da gustação. Ela capta substâncias dos alimentos que são percebidas como gostos. O sabor dos alimentos é uma mistura das sensações do olfato e da gustação.

2 Observe esta experiência.

- A menina não conseguiu identificar a fruta que comeu. Por quê?

_____
_____
_____

88

Álbum de Ciências
Importância do plantio de árvores nas cidades

Uma das formas de modificar o ambiente é plantar árvores em praças e calçadas.

As árvores ajudam a melhorar a qualidade do ar e diminuem o barulho da região em que são plantadas. Elas também fornecem alimento e abrigo para diversos animais, como as aves e as borboletas.

Em um local com muitas árvores, a temperatura é mais agradável, pois elas reduzem a quantidade de luz solar que atinge o solo.

O cheiro e a beleza das flores também modificam a percepção que as pessoas têm do local.

E se a árvore produzir frutos, como pitangas, carambolas, grumixamas, cerejas ou amoras, imagine a delícia que seria provar!

É recomendável evitar o plantio de árvores que produzem frutos pesados, que possam machucar alguém ao cair dos galhos. Antes de plantar, consulte a prefeitura para saber quais locais são permitidos, as regras para plantio e quais tipos de árvore são recomendados.

1. Há muitas ou poucas árvores no local em que você mora?

2. Explique aos colegas como você se sente em locais com bastante árvores.

O plantio de árvores nas calçadas e nas praças oferece muitas vantagens para os seres humanos e outros animais que vivem na região. Rua XV de Novembro, em Curitiba, no Paraná, em 2016.

Modificações do ambiente

Os seres humanos são capazes de viver em diferentes lugares. Para isso, precisam transformar o ambiente de muitas maneiras.

Essas modificações são feitas para produzir alimentos, construir estradas e moradias, descartar lixo, entre outros motivos.

As modificações devem ser feitas com respeito à natureza e de acordo com a legislação vigente em cada local.

> **Legislação:** conjunto de leis ou regras estabelecidas por uma autoridade.

A construção de cidades é uma forma de alterar o ambiente. Município de Caxambu, Minas Gerais, em 2016.

Em locais em que as chuvas são escassas, são instalados sistemas de irrigação para que as plantações recebam água. Plantação de banana em Petrolina, no Pernambuco, em 2014.

As palafitas são casas construídas às margens de rios sobre estacas, para evitar que a água entre durante as cheias. Palafita no município de Almeririm, no Pará, em 2017.

Alguns espaços são construídos planejando o equilíbrio dos elementos do ambiente. No Parque Sólon de Lucena, em João Pessoa, na Paraíba, a lagoa é cercada de palmeiras-imperiais.

3 Que modificações no ambiente você identifica no município onde mora?

Se forem feitas sem cuidado, as modificações no ambiente podem ser prejudiciais aos seres que vivem nele, inclusive as pessoas.

Quando não é feito de maneira apropriada, o descarte de lixo é prejudicial ao ambiente, contaminando o solo e a água. Lixão em Brasília, Distrito Federal, em 2011.

Por isso, é muito importante conhecer as características do ambiente e planejar bem as alterações que serão feitas.

A construção de represas para o fornecimento de água transforma o ambiente, alagando regiões e podendo causar a morte de muitos seres vivos. Município de Porto Velho, Rondônia, em 2016.

4 Quais modificações no ambiente você acha que são importantes para facilitar seu dia a dia?

_____

_____

- Essas modificações causam algum impacto aos seres vivos?

_____

_____

Atitudes individuais para cuidar do ambiente

Para cuidar do ambiente, cada um de nós pode adotar algumas atitudes simples no dia a dia. Veja uma lista de sugestões a seguir.

- **Economizar água:** a água pode acabar se não for usada com responsabilidade.
- **Andar mais a pé:** ao caminhar, conhecemos melhor o bairro em que moramos e evitamos usar o carro. A fumaça que os carros produzem poluem o ambiente.
- **Reduzir o consumo:** para diminuir a retirada de recursos da natureza, podemos evitar comprar itens desnecessários, dar preferência a produtos recicláveis, que consumam menos energia e sejam feitos pela comunidade de cada local.
- **Cuidar do lixo:** devemos sempre jogar o lixo no cesto. Quando possível, devemos separar o lixo reciclável.
- **Conhecer o ambiente:** estudar é a melhor forma de conhecer o ambiente e de poder planejar as alterações que serão feitas nele para preservá-lo.

Mesmo as atitudes individuais podem ser pensadas de maneira coletiva.

5. Quais dessas atitudes você pratica em seu dia a dia? Quais você gostaria de incorporar à sua rotina? Converse sobre isso com os colegas e o professor.

Álbum de Ciências

Você já ouviu falar em permacultura?

A permacultura foi criada na década de 1970, na Austrália. Ela une conhecimentos tradicionais e conhecimentos científicos modernos sobre o uso da terra. São usadas técnicas especiais para plantação, construção de casas, tratamento do lixo, tratamento do esgoto, entre outras.

O objetivo é planejar o cultivo de alimentos e as construções de forma a modificar menos o ambiente natural.

A permacultura incentiva a construção de casas usando materiais naturais, como terra, bambu e madeira, em vez de cimento.

Casa sendo construída com terra compactada. Município de Sarapuí, São Paulo, em 2016.

Cultivar plantas diferentes em um mesmo local é uma prática da permacultura. Plantio de banana e mandioca. Município de Feijó, Acre, em 2016.

93

O mundo que queremos

Vamos colorir o futuro

Não sei se você sabe, mas todos nós, adultos, já fomos, pelo menos uma vez na vida, um super-herói, uma bailarina de circo, um bombeiro ou um astronauta. Afinal, faz parte da vida de qualquer criança brincar de profissões e sonhar com o futuro...

Entretanto, nos dias de hoje, sonhar com o futuro é também ter dúvidas sobre como será o nosso mundo.

Existirão florestas? Quantas espécies de animais ainda povoarão a Terra? Haverá água suficiente? Como será o clima do planeta: mais quente ou mais frio?

A boa notícia é que você, criança, já nasceu com a certeza de que pode mudar o futuro. E quer saber? É exatamente disso que o mundo precisa, de vontade e determinação para enfrentar os problemas dos dias de hoje e buscar soluções para um futuro melhor, mais justo, com mais vida.

Um futuro que, construído a partir das atitudes de cada um, nascerá cheio de esperança e muito mais colorido!

SÃO PAULO. Secretaria do Meio Ambiente. *EcoCartilha do Pequeno Cidadão. 2013*. Disponível em: <http://mod.lk/vmscolor>. Acesso em: 22 maio 2018.

Compreenda a leitura

1 De acordo com o texto, o que significa, nos dias de hoje, uma criança sonhar com o futuro?

_____

_____

2 De acordo com o texto, o que devemos fazer para ter um futuro feliz?

_____

_____

3 Liste três formas de cuidar do ambiente, de acordo com o que você aprendeu nesta unidade.

_____

_____

Vamos fazer

 4 Copie no caderno as perguntas que o texto faz sobre o futuro. Reflita sobre elas e tente respondê--las com sugestões para cuidar bem de seu país.

     a) O professor deve organizar um debate em sala de aula para discutir as respostas de cada um.

    b) Em seguida, você vai escrever uma carta com suas dúvidas e expectativas para você mesmo ler no futuro.

    c) Guarde essa carta para ler daqui a 10 anos e descobrir o que mudou para melhor e o que ainda precisa ser feito.

> **Escute com atenção** o que os seus colegas têm a dizer. O que o outro tem para falar é muito importante e pode ajudá-lo a construir novos conhecimentos.

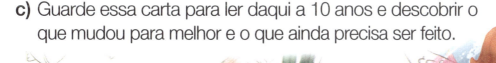

O que você aprendeu

1 Bonsais são plantas que foram modeladas e são podadas com frequência para que fiquem em tamanho pequeno. Mesmo após serem modelados, eles continuam a ter as mesmas necessidades de outras plantas.

a) Marque um **X** nas alternativas que apresentam elementos necessários para a sobrevivência de um bonsai.

☐ Vaso   ☐ Solo   ☐ Água

☐ Ar   ☐ Poda   ☐ Luz solar

b) Quais das alternativas que você marcou acima também são necessárias para a sobrevivência dos animais?

_____

_____

c) Mateus gostou muito do bonsai que ganhou de seu avô e decidiu colocar a planta em seu quarto. Ele cuidou da planta com bastante carinho e regou todos os dias. Quando saía de casa, fechava bem as cortinas e as janelas, para que não ventasse demais e o vento derrubasse a planta. Infelizmente, depois de um tempo, o bonsai acabou morrendo. O que você acha que aconteceu? Explique.

_____

_____

d) Qual é o nome do processo realizado pelas plantas que precisa de luz solar para ocorrer?

_____

2 Os animais precisam buscar ou criar abrigos ou tocas para ficar seguros, dormir e cuidar de seus filhotes. Algumas aves, como a coruja-buraqueira, refugiam-se em buracos nas árvores ou no solo.

Coruja-buraqueira. Comprimento: 25 centímetros.

a) O texto menciona a relação da coruja-buraqueira com um componente natural. Qual é esse componente?

_____

b) O que essa interação oferece à coruja-buraqueira?

_____

c) As corujas-buraqueiras podem se alimentar de pequenos animais, como ratos, sapos e besouros. Como você classifica a coruja-buraqueira, de acordo com a alimentação dela?

_____

d) Os ratos que servem de alimento para a coruja-buraqueira comem sementes e folhas. Como você classifica esses ratos, de acordo com a sua alimentação?

_____

e) Converse com um colega e discutam: como a luz solar é importante para a alimentação dos animais?

_____

_____

_____

 Reveja o capítulo 1, pense com calma, questione e compartilhe suas dúvidas com o colega antes de chegar a uma resposta.

97

O QUE VOCÊ APRENDEU

3 Complete o texto com as palavras do quadro.

| ouviu | cheiro | boca | azul | dói |
| olhos | perto | pele | salgado | |

Miguel foi à praia com sua família. Chegando lá, ele ficou impressionado com o que os seus _____ viram. Como o _____ do mar é bonito!

Sua mãe passou protetor solar nele para proteger sua _____. Miguel já se queimou de sol uma vez e sabe que isso _____ muito.

Quando mergulhou com seu pai, Miguel estranhou o gosto _____ da água na _____. Logo _____ sua mãe chamando e voltou.

Chegando _____ de onde ela estava, pôde sentir o _____ de pastel. Que dia gostoso!

4 Relacione as colunas e copie as frases formadas no caderno.

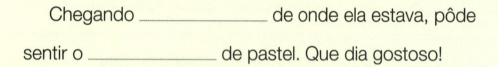

Percebemos o cheiro de um perfume

pela língua.

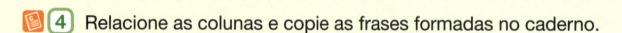

Sentimos os gostos dos alimentos

pelo nariz.

É pelo olfato que

pelo qual percebemos os gostos.

A gustação é o sentido

percebemos os cheiros.

98

5 Leia a tirinha, que mostra dois caranguejos no fundo do mar, e responda às questões.

a) Qual componente construído é mencionado na tirinha?

_____

b) Qual é a relação entre esse componente e os seres vivos da tirinha?

_____

_____

6 Veja as situações a seguir. Coloque-se no lugar da menina e escreva como você continuaria as conversas.

_____
_____
_____
_____

_____
_____
_____
_____

99

UNIDADE

4 Os materiais

Na história de Pinóquio, o carpinteiro Gepeto construiu um boneco de madeira. Para isso, ele também utilizou outros materiais, como tecidos e tintas.

FABIANA FAIALLO

Representação artística. Cores-fantasia.

100

Vamos conversar

1. Encontre na imagem:
   - um material duro;
   - um material transparente;
   - um material líquido.
2. De que materiais são feitos os seus brinquedos?
3. Você conhece algum material que não seja adequado para fazer brinquedos? Qual?

Investigar o assunto

Faça seu boneco

Vamos fazer um boneco, como o feito por Gepeto, mas usando diferentes materiais?

Material

- argila
- massa de modelar
- embalagens plásticas (garrafas, potinhos etc.)
- caixas de papelão
- rolos de papel higiênico
- tecidos
- papéis de diferentes texturas
- barbante
- tesoura com pontas arredondadas
- fita adesiva
- cola

Como você vai fazer

1. Com a ajuda de um familiar, separe alguns materiais para construir o boneco.

2. No dia combinado, traga os materiais para a escola e coloque-os no centro da sala de aula.

3. Todos os materiais levados por você podem ser compartilhados com os colegas.

4. Antes de começar a fazer o boneco, manipule os materiais e sinta como eles são.
- Quais desses materiais podem ser dobrados?
- Quais materiais permitem enxergar através deles?
- Quais materiais podem ser molhados sem que estraguem?

5. Pense em como você pode utilizar os materiais para fazer o boneco e separe-os.

6. Comece a construir seu boneco. Se precisar de ajuda, peça ao professor ou a um colega.

7. Apresente seu boneco à turma.

Para você responder

[1] Quais materiais você utilizou para construir seu boneco?

_____
_____
_____

[2] Esses materiais existem na natureza ou foram produzidos pelos seres humanos?

_____
_____
_____

 [3] O seu boneco ficou parecido com o de algum colega? Por quê?

103

CAPÍTULO 1

Diferentes materiais

Os objetos que fazem parte do nosso dia a dia são feitos de diferentes **materiais**. A madeira, o plástico, o papel e o vidro são alguns exemplos de materiais.

1. Observe os objetos indicados na sala de aula abaixo. Depois, escreva de que materiais esses objetos são feitos.

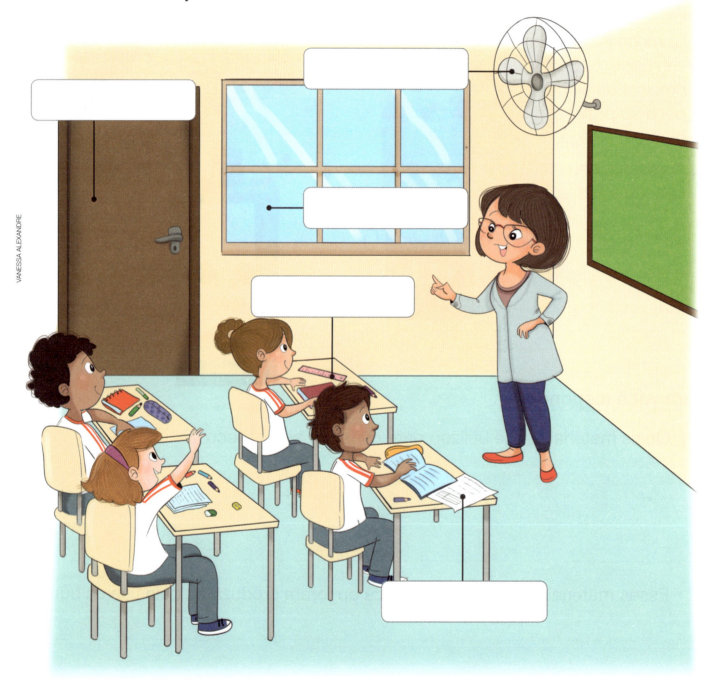

- Liste no caderno outros objetos que existem nessa sala de aula e escreva de quais materiais cada um deles é feito.

Nas atividades diárias, utilizamos objetos feitos de diferentes materiais. Esses materiais podem ser encontrados na natureza ou podem ser produzidos pelos seres humanos.

2 Destaque os adesivos da página 163 e cole-os no quadro correto de acordo com sua classificação.

Materiais encontrados na natureza

Materiais produzidos pelos seres humanos

Características dos materiais

Cada material tem características próprias, como transparência, flexibilidade e resistência à quebra ou à deformação, por exemplo. É importante conhecer essas características para usar os materiais de forma adequada.

Jogo *Materiais*

Deformação: mudança ou alteração na forma de algo.

A **madeira** é resistente a quebras, mas pode ser cortada e esculpida em diversos formatos.

O **vidro** é um material transparente, ou seja, é possível enxergar através dele. O vidro é pouco resistente e se quebra com facilidade.

Os **metais** aquecem com facilidade e são maleáveis quando aquecidos. Podem ser brilhantes.

O **plástico** é maleável e resistente. Ele pode ser dobrado e amassado, mas não rasga nem quebra com facilidade.

O **papel** pode ser dobrado e amassado. Ele rasga com facilidade.

3 Discuta com um colega o que aconteceria se:

a) suas roupas fossem feitas de papel em vez de tecido.

b) os móveis fossem feitos de borracha em vez de madeira ou metal.

c) as janelas fossem feitas de tijolos em vez de vidro.

4 Escreva uma característica do material que compõe cada objeto. Use as palavras do quadro.

transparente   brilhante   maleável

_____   _____   _____

5 Escolha cinco objetos diferentes. Depois, complete o quadro seguindo o exemplo.

Objeto	Material principal	Características do material
Chinelo	Borracha	Macia / Maleável

107

Os estados físicos dos materiais

Na natureza, os materiais podem ser encontrados principalmente em três estados físicos: sólido, líquido e gasoso.

No estado **sólido**, os materiais têm forma definida, independentemente de onde estão. Por exemplo, um banco de madeira é sólido e tem o mesmo formato, não importando se está na sala ou no quintal, exposto ao sol.

Quando estão no estado **líquido**, os materiais não têm forma definida. Eles tomam a forma do recipiente em que são colocados.

Os materiais no estado **gasoso** também ficam com o formato do recipiente em que estão, mas ocupam todo o espaço possível. Eles preenchem completamente o recipiente.

> **Recipiente:** objeto que armazena ou guarda algo.

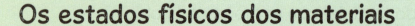

Os líquidos mudam de forma de acordo com o recipiente em que se encontram.

Um gás preenche totalmente os balões. Se o balão furar, o gás se espalhará pelo ambiente.

Os talheres manterão o formato independentemente do recipiente em que estão.

Os elementos desta ilustração não estão representados em proporção.

108

6 Pinte de acordo com a legenda.

- Ar dentro de uma bola
- Leite
- Bolhas no refrigerante
- Xampu
- Frutas

7 Observe a imagem a seguir e responda.

a) Cite uma característica do material de que é feito o balão de festa.

_____

b) Qual é o estado físico do ar que preenche o balão?

_____

CAPÍTULO 2 — Os materiais naturais

Alguns materiais são encontrados na natureza, como a madeira. Outros são produzidos de forma **artesanal** ou em fábricas, como é o caso do papel, dos plásticos e do vidro.

Artesanal: feito de forma manual ou com uso de ferramentas simples.

Os materiais retirados da natureza são chamados de **materiais naturais**. Eles podem ser obtidos de plantas, animais ou do solo e das rochas.

Origem vegetal

A madeira é usada na fabricação de diversos objetos, como um caminhão de brinquedo.

A palha serve para fazer cobertura de moradias. Município de Belterra, Pará, 2017.

Origem animal

A lã é útil para fazer várias peças de vestuário, como o cachecol.

O couro é usado para fazer sapatos, bolsas e outros acessórios.

Origem mineral

A argila pode ser moldada em objetos, como um jarro.

As rochas são usadas em construções. Município de Paraty, Rio de Janeiro, 2017.

1 Que materiais naturais você conhece? De onde eles são retirados?

Álbum de Ciências — De que é feito o berimbau?

O berimbau é um instrumento musical de origem africana. Esse instrumento é feito de vários materiais naturais.

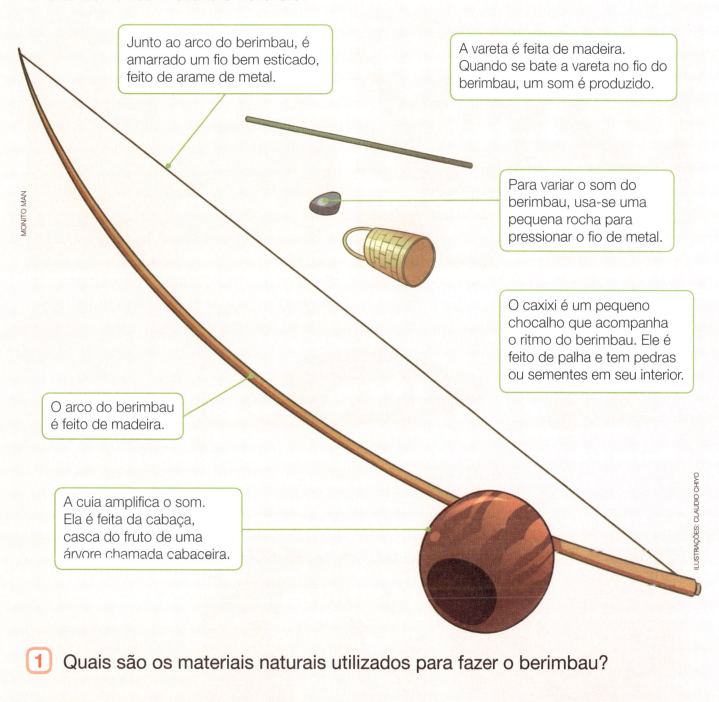

Junto ao arco do berimbau, é amarrado um fio bem esticado, feito de arame de metal.

A vareta é feita de madeira. Quando se bate a vareta no fio do berimbau, um som é produzido.

Para variar o som do berimbau, usa-se uma pequena rocha para pressionar o fio de metal.

O caxixi é um pequeno chocalho que acompanha o ritmo do berimbau. Ele é feito de palha e tem pedras ou sementes em seu interior.

O arco do berimbau é feito de madeira.

A cuia amplifica o som. Ela é feita da cabaça, casca do fruto de uma árvore chamada cabaceira.

1 Quais são os materiais naturais utilizados para fazer o berimbau?

_____
_____

2 Qual material utilizado para fazer o berimbau não é natural?

_____

111

Materiais de origem vegetal

Atividade interativa
O uso das plantas

Os seres humanos utilizam as plantas para obter tecidos, madeira e papel, objetos de decoração etc. Veja, a seguir, algumas plantas e seus usos.

O algodão é utilizado para a fabricação de tecidos.

O capim dourado é utilizado para fazer objetos de decoração e bolsas, por exemplo.

Brócolis: flor.

Mandioca: raiz.

Gengibre: caule.

Muitas plantas são utilizadas na alimentação. Podemos consumir diferentes partes das plantas, como raízes, caules, folhas, flores, frutos e sementes.

Salgueiro: utilizado em medicamentos para dores e febre.

Espinheira-santa: usada na fabricação de medicamentos para dores de estômago.

Vários medicamentos disponíveis nas farmácias também são produzidos de plantas.

Álbum de Ciências   Conhecendo o babaçu

Existem plantas das quais são utilizadas diferentes partes. É o caso de uma palmeira conhecida como babaçu ou coco-de-macaco.

Das cascas do babaçu, os seres humanos produzem carvão.

As folhas do babaçu são utilizadas para a produção de objetos artesanais, como cestos e esteiras.

Das sementes é retirado o óleo de coco do babaçu.

De seu caule é retirado o palmito, um alimento saboroso.

Existem outras plantas das quais são aproveitadas diferentes partes, como a palmeira buriti.

- Pesquise na internet informações sobre os brinquedos de buriti. Que parte da planta é utilizada na produção desses brinquedos?

113

Usos dos materiais de origem vegetal

Veja alguns exemplos de uso de materiais de origem vegetal.

- **Construção:** as plantas fornecem materiais para a construção de casas, móveis, barcos, cercas e outros objetos.

Pescadores caiçaras em barcos artesanais fabricados numa peça única de tronco de árvore. Município de Paraty, Rio de Janeiro, em 2014.

Moradia indígena coberta por sapé, um tipo de palha de capim. Aldeia Yawalapiti, Parque Indígena do Xingu, Mato Grosso, em 2012.

2 Leia o texto e observe a imagem.

Pau a pique é uma técnica de construção tradicional. A estrutura da parede é feita de madeira, retirada de galhos ou troncos de árvores comuns em cada região, ou de bambu. Depois, essa estrutura é preenchida com barro.

Casa de pau a pique em construção no município de Pirapora, em Minas Gerais.

- Quais plantas são usadas na construção de casas de pau a pique?

_____

_____

- **Combustível:** a madeira retirada do tronco de algumas plantas pode ser utilizada como combustível em fornos, fogões e lareiras. O etanol, combustível utilizado em automóveis, é produzido da cana-de-açúcar.

O fogão a lenha é utilizado no preparo de alimentos e no aquecimento das casas. Município de Santana dos Montes, Minas Gerais, em 2015.

A cana-de-açúcar é utilizada na produção de etanol. Plantação de cana-de-açúcar, no município de José Bonifácio, São Paulo, em 2016.

- **Indústria:** algumas plantas ou partes delas podem ser utilizadas pelas indústrias para a fabricação de vários produtos, como borracha, tintas, tecidos, papel, ceras, perfumes, sabonetes e xampus.

O algodão é usado na fabricação de tecidos. Plantação de algodão no município de Costa Rica, Mato Grosso do Sul, em 2015.

O eucalipto é uma árvore utilizada na fabricação de papel. Plantação de eucalipto no município de Londrina, Paraná, em 2017.

3 Associe cada planta listada no quadro ao produto que é feito a partir dela.

algodão cana-de-açúcar eucalipto

115

Os materiais artificiais

Os **materiais artificiais** não são encontrados prontos na natureza. Eles são produzidos por meio da transformação dos materiais naturais.

A madeira, por exemplo, pode ser transformada em papel; do látex, extraído das seringueiras, que são um tipo de árvore, é produzida a borracha; e a areia é usada para fabricar o vidro.

Produção do plástico

O plástico é feito do petróleo, um líquido escuro encontrado na natureza abaixo do solo, em locais profundos. Nas fábricas, o petróleo passa por diversos processos de transformação. Ele também é misturado a outros materiais, originando outros produtos, como o plástico.

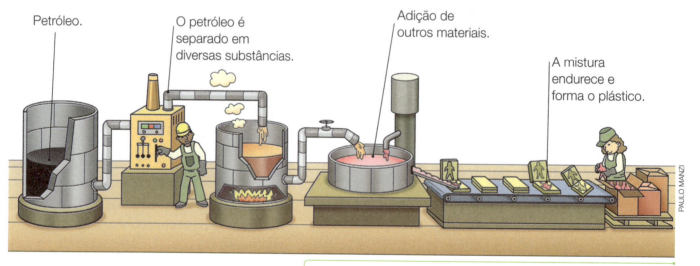

Os elementos desta imagem estão representados fora de escala.

O plástico é um material que pode assumir a forma que se desejar, sendo também resistente, leve e durável.

Existem muitos tipos de plástico. O acrílico é um plástico rígido usado para substituir o vidro em muitos objetos.

O náilon é um plástico leve, resistente e maleável usado na confecção de roupas.

116

1) O vidro é um material artificial. Para produzi-lo, é necessária a transformação de materiais naturais. Observe as imagens e responda às questões.

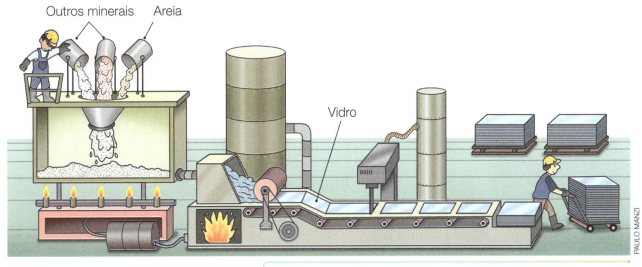

Os elementos desta imagem estão representados fora de escala.

a) Quais são os materiais naturais utilizados na produção do vidro?

_____

_____

b) Que transformações esses materiais sofrem para que o vidro seja produzido?

_____

_____

_____

Compare a ilustração desta atividade com a ilustração da página anterior, sobre a produção de plástico. Quais transformações são semelhantes? Há algo sobre o estado físico dos materiais que se **aplica** ao ciclo de produção do vidro?

2) Relacione os materiais utilizados em sala de aula aos materiais naturais de que são feitos.

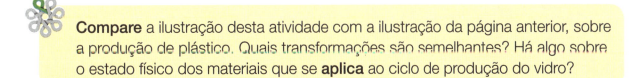

petróleo

madeira

látex

117

De que é feito um carro?

Ao olhar um carro, não dá para imaginar quantos materiais diferentes são utilizados para a sua fabricação. Vamos descobrir de que são feitas algumas de suas partes?

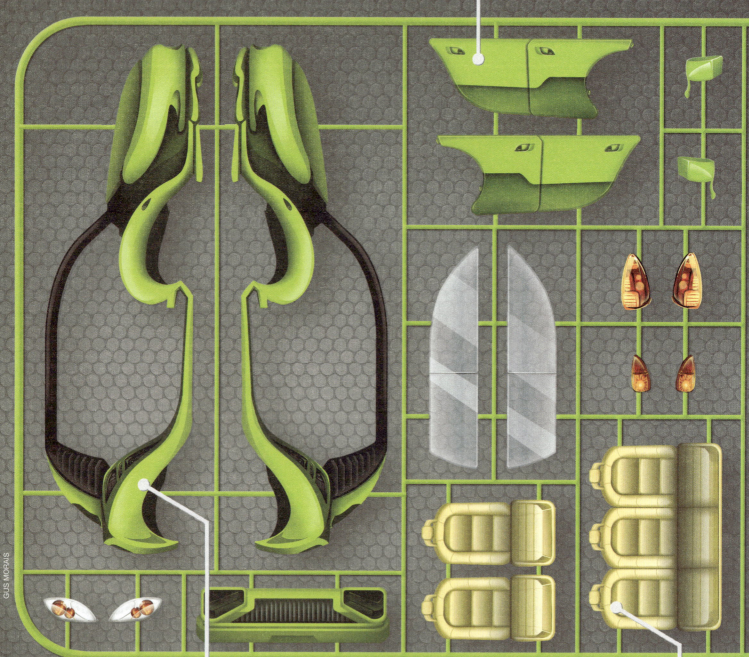

Portas
São feitas de aço, que é uma mistura de metais. O aço é resistente a impactos.

Carroceria
Feita de aço ou de alumínio, que é um metal mais leve. O acabamento pode ser feito de peças de plástico.

Bancos
Podem ser revestidos de materiais naturais, como algodão ou couro, ou artificiais, como poliéster ou couro sintético.

Para-brisas
São feitos de duas camadas de vidro, separadas por uma camada de um tipo de plástico, que previne que os cacos de vidro se espalhem em caso de impacto.

Você sabia?

Cada carro é feito de aproximadamente 30 mil peças, desde simples parafusos até pequenos computadores.

Motor
Feito de alumínio e ferro, que suportam as altas temperaturas durante o funcionamento.

Painel
Muitas peças do painel são feitas de plástico. Esse material é escolhido por sua versatilidade, durabilidade e leveza.

Pneus
São feitos de borracha, que é durável e evita que o carro derrape.

Rodas
São feitas de aço ou de alumínio.

119

Para ler e escrever melhor

> O texto apresenta **exemplos** de objetos produzidos de forma artesanal no Brasil.

Transformando materiais em arte

O artesanato brasileiro é muito rico e diversificado. Os artesãos usam materiais variados para fazer diferentes peças.

Um tipo de artesanato realizado em diferentes locais do Brasil é a **cerâmica**. Ela é feita de argila, um material natural que pode ser moldado de diversas maneiras.

Outro produto artesanal comum no país são as **rendas**. Elas são feitas tecendo fios de algodão de diferentes formas. As rendas são muito usadas em roupas e toalhas, por exemplo.

Alguns artesãos usam a pedra-sabão para fazer **panelas** e **esculturas artísticas**. A pedra-sabão é uma rocha fácil de ser esculpida.

A cerâmica indígena da Ilha de Marajó, no estado do Pará, é famosa por ser enfeitada com traços e formas coloridas. Museu de História Natural, Nova Iorque, Estados Unidos, 2013.

O artesanato de renda de bilros forma detalhes delicados nos tecidos. Município de Raposa, Maranhão, 2016.

O artesanato feito em pedra-sabão é muito comum no estado de Minas Gerais. Ouro Preto, Minas Gerais, 2016.

Analise

Multimídia
Arte com argila

1. Qual é o tema do texto?

_____

2. Quais são os exemplos de objetos artesanais citados no texto?

_____

Organize

3. Preencha o quadro com as informações do texto, conforme o exemplo.

Objeto feito artesanalmente	Material usado
Cerâmica	Argila

Escreva

4. O quadro a seguir apresenta exemplos de brinquedos populares e os materiais de que são feitos.

Brinquedo	Materiais de que é feito
Pião	Madeira, barbante e metal
Bola de gude	Vidro
Peteca	Penas, pequenas rochas e couro
Boneca	Pano e algodão

- Escreva um pequeno texto sobre os brinquedos acima, informando os materiais de que são feitos.

Organize as informações que você pretende utilizar no texto antes de começar a escrevê-lo.

CAPÍTULO 4
A tecnologia de materiais

Olhando ao redor, podemos ver muitas criações dos seres humanos. Foram criados aparelhos eletrodomésticos, ferramentas, carros, computadores, instrumentos musicais e medicamentos, por exemplo.

As pessoas são capazes de utilizar os materiais que encontram na natureza para produzir objetos ou novos materiais.

As invenções surgem para resolver diferentes problemas. Por exemplo, antigamente, era muito comum usar vasos de xaxim. O xaxim é retirado do caule da planta samambaiaçu. Por causa da retirada em excesso desse material, a samambaiaçu entrou em risco de extinção.

Para resolver esse problema, foram pesquisados diversos materiais que podiam servir para fazer vasos e foi escolhida a fibra de coco. Esse material é mais leve que o xaxim e também retém água, necessária para a sobrevivência das plantas.

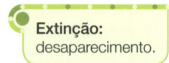

Extinção: desaparecimento.

Do tronco, é extraído o xaxim para fazer o vaso.

A samambaiaçu pode chegar a 6 metros de altura.

Vaso de fibra de coco, utilizado como alternativa ao xaxim.

A **tecnologia** é o conjunto de conhecimentos aplicados para criar algo novo, fazer algo de maneira diferente ou aperfeiçoar ferramentas e processos. A tecnologia envolve o uso do conhecimento para tentar melhorar e facilitar a vida das pessoas.

Os objetos mudam ao longo do tempo

Os objetos mudam com o passar do tempo, mas podem continuar tendo a mesma função. Diversos objetos que utilizamos no dia a dia tinham formatos diferentes, eram feitos de outros materiais ou funcionavam de outra forma no passado, mas são utilizados nas mesmas atividades atualmente.

1 Observe os objetos a seguir e ligue-os às suas funções.

Ferro a carvão.

Cozinhar.

Fogão a gás.

Fogão a lenha.

Passar roupas.

Lavadora automática.

Lavadora manual.

Lavar roupas.

Ferro elétrico.

a) De que materiais cada um desses objetos é feito?

b) Em sua opinião, quais objetos eram comuns no passado e quais são comuns atualmente? Por quê?

c) Circule os objetos mais parecidos com os que sua família utiliza no dia a dia.

As escovas de dentes também mudaram ao longo do tempo, mas continuam com a mesma função: fazer a limpeza dos dentes e da boca.

No passado, havia escovas de dentes feitas com materiais naturais. As cerdas podiam ser feitas com pelos de porco e os cabos com ossos de animais ou com bambu.

Atualmente, a maioria das escovas de dentes é feita de diferentes tipos de plástico, tanto o cabo como as cerdas. Isso faz com que elas tenham maior durabilidade e sejam mais higiênicas que as feitas de materiais naturais.

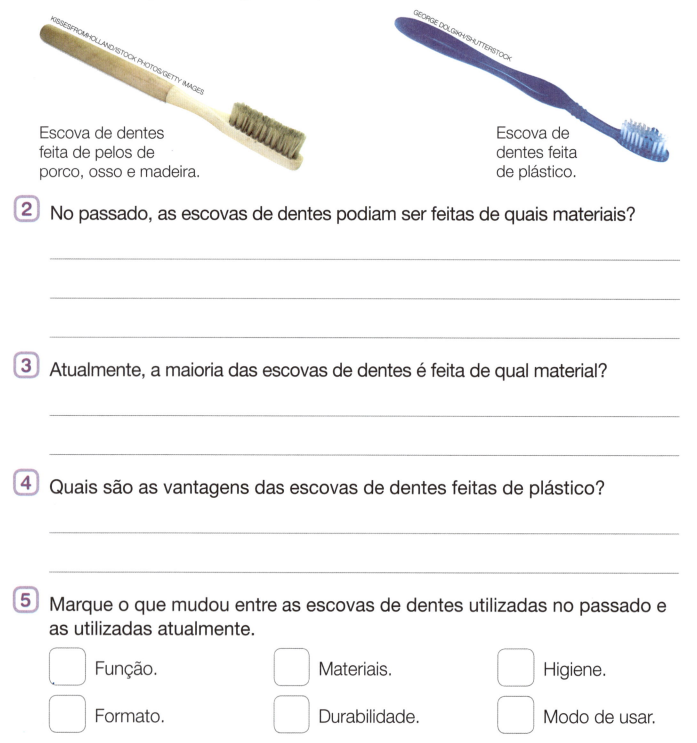

Escova de dentes feita de pelos de porco, osso e madeira.

Escova de dentes feita de plástico.

2 No passado, as escovas de dentes podiam ser feitas de quais materiais?

_____

_____

3 Atualmente, a maioria das escovas de dentes é feita de qual material?

_____

4 Quais são as vantagens das escovas de dentes feitas de plástico?

_____

_____

5 Marque o que mudou entre as escovas de dentes utilizadas no passado e as utilizadas atualmente.

☐ Função.   ☐ Materiais.   ☐ Higiene.

☐ Formato.   ☐ Durabilidade. ☐ Modo de usar.

6 Observe as fotografias e depois responda à questão.

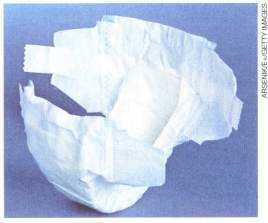

Antigamente, os bebês usavam apenas fraldas de tecido feito de algodão.

Atualmente, é mais comum os bebês usarem fraldas descartáveis. Elas são produzidas a partir de materiais derivados do petróleo.

- Qual é a diferença entre as fraldas do passado e as de atualmente?

_____
_____

7 Os seres humanos modificam muitos objetos ao longo do tempo. Observe as imagens.

Caneta feita de pena.

Caneta tinteiro, com corpo feito de metal.

Caneta esferográfica, feita principalmente de plástico.

- A mudança na aparência e nos materiais usados para fazer as canetas ao longo do tempo é um exemplo de tecnologia? Por quê?

_____
_____
_____

O mundo que queremos

Tecnologia e saúde

A tecnologia busca melhorar a vida das pessoas, mas é difícil prever quais serão seus efeitos ao longo do tempo. Por exemplo, as inovações tecnológicas trouxeram muitos benefícios para a saúde das pessoas, mas também trouxeram problemas.

Para cuidar da saúde, pesquisadores desenvolveram medicamentos que ajudam a curar doenças e equipamentos que produzem imagens do interior do corpo humano. As cadeiras de rodas, as próteses, os óculos e os aparelhos auditivos são aperfeiçoados continuamente.

Por outro lado, com a invenção da televisão, dos computadores, dos *videogames* e dos automóveis, as pessoas passaram a se exercitar cada vez menos.

Muitos atletas paralímpicos usam próteses. Atleta Alan Fonteles Cardoso Oliveira, na Paralimpíada de Londres, na Inglaterra, em 2012.

A falta de atividades físicas e a alimentação inadequada vêm causando muitas doenças na população.

Próteses: aparelhos que substituem uma parte do corpo que foi perdida ou que não funciona corretamente.

Compreenda a leitura

1. Escreva duas invenções citadas no texto que auxiliam a vida de pessoas com deficiência.

2 Indique se as afirmações são verdadeiras (V) ou falsas (F).

☐ A tecnologia sempre melhora e facilita a vida das pessoas.

☐ Muitas inovações tecnológicas trouxeram benefícios para a saúde das pessoas.

☐ Com a invenção da televisão, dos computadores, dos *videogames* e dos automóveis, as pessoas estão se exercitando menos.

3 Em sua opinião, por que os equipamentos que produzem imagens do interior do corpo humano trouxeram benefícios para a saúde das pessoas?

_____

_____

_____

Vamos fazer

4 Em grupo, elaborem uma campanha para incentivar as pessoas a se exercitar mais e a consumir alimentos saudáveis.

- Pensem na forma como vocês querem divulgar a campanha e coloquem-na em prática!

Para divulgar a campanha, pode-se elaborar um cartaz, criar uma peça de teatro, promover um evento na escola, criar uma brincadeira nova etc. Usem a **criatividade**!

ILUSTRAÇÕES: FABIANA SHIZUE

127

CAPÍTULO 5

Cuidado com os materiais

Alguns objetos e materiais têm características que podem oferecer riscos para as pessoas. Por isso, é importante estar atento e cuidar para prevenir acidentes domésticos.

O vidro e a faca são objetos **cortantes**. Eles podem causar ferimentos. Evite utilizar esses objetos ou somente faça uso deles com a supervisão de um adulto.

O metal é um material resistente e é usado para fazer objetos cortantes, como facas e tesouras.

Brinquedos com partes duras **pontiagudas** ou que tenham peças de vidro devem ser evitados por crianças. Ao comprar um brinquedo, é importante ficar atento à faixa etária indicada na embalagem.

O selo do Inmetro indica que o produto foi testado e aprovado. Ele também informa as restrições do brinquedo, isto é, quem não deve usá-lo.

1. O que é necessário para prevenir acidentes domésticos com objetos cortantes e pontiagudos?

_____

_____

Nunca coloque as mãos dentro da tomada ou em fios elétricos, pois eles podem causar **choque elétrico**. Sempre segure a tomada pela parte de plástico.

Alguns produtos e objetos são **inflamáveis**, ou seja, pegam fogo com facilidade e podem causar queimaduras. Por exemplo: álcool, tintas e verniz. Nunca manuseie esses produtos e objetos sem a supervisão de um adulto. Também não acenda fósforos ou isqueiros próximo a esses líquidos.

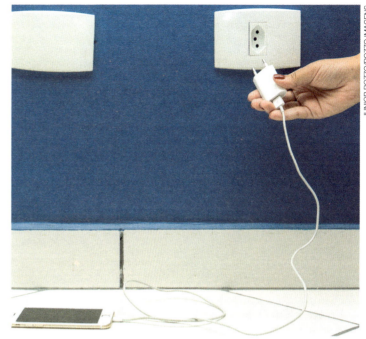

Sempre peça ajuda a um adulto para mexer nos aparelhos elétricos. Nunca coloque os dedos ou objetos nas tomadas.

Medicamentos e produtos de limpeza devem ser mantidos fora do alcance das crianças, para evitar risco de **intoxicação**.

Medicamentos só devem ser tomados com orientação de um médico e devem ser dados pelos adultos responsáveis. Não tome medicamentos sozinho.

2 Associe os objetos aos riscos de acidentes domésticos.

Medicamentos	Queimadura
Fósforo	Espetar e cortar
Tesouras	Intoxicação

O que você aprendeu

1 Observe a imagem, leia o texto e depois responda às questões.

O **granito** usado para revestir as ruas é um material duro. É difícil riscá-lo ou deformá-lo, por isso esse tipo de revestimento dura mais tempo.

Praia Vermelha, Rio de Janeiro, 2017.

a) Por que é importante usar um material duro nos calçamentos de rua?

_____

_____

b) Cite um material que não serviria para fazer calçamento de ruas. Depois, explique a sua escolha.

_____

_____

2 Indique o estado físico de cada item.

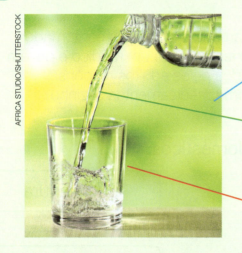

Ar ao redor: _____

Água: _____

Copo: _____

3 Por que os vidros dos carros são transparentes?

_____

_____

130

4 Escolha dois objetos e complete o quadro de acordo com o que se pede.

Objeto	Materiais	Natural ou artificial
Janela	vidro	artificial
	madeira	natural
	metal	artificial

5 Observe o esquema de produção do fio de seda.

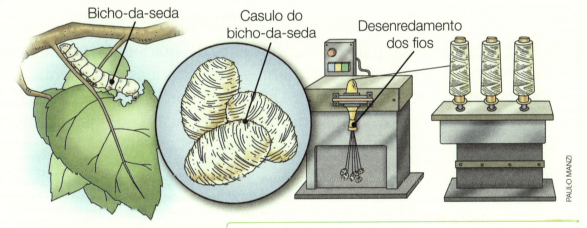

Comprimento da lagarta: 7 centímetros. Os elementos da imagem estão representados fora de escala.

a) Que material dá origem à seda? Esse material é natural ou artificial?

_____

b) Os chineses fazem roupas de seda há mais de cinco mil anos. A produção de seda é um exemplo de tecnologia? Explique.

_____

_____

131

O QUE VOCÊ APRENDEU

6 A madeira é um material muito usado pelos seres humanos.

Troncos de eucaliptos extraídos para serem enviados à indústria de produção de papel.

a) Cite uma característica da madeira.

_____

_____

_____

b) A madeira é um material natural ou artificial?

_____

c) De onde é retirada a madeira utilizada para fabricar objetos?

_____

_____

7 Leia o texto a seguir. Depois, responda às questões.

Acidentes domésticos

Os dados do Sistema de Monitoramento de Acidentes de Consumo do Inmetro mostram que os acidentes com crianças representam 16% dos acidentes totais registrados. De acordo com o Ministério da Saúde, todos os anos, no Brasil, mais de 100 mil crianças são hospitalizadas devido a acidentes domésticos e/ou ocorridos em situação de rotina.

Inmetro. *Segurança infantil*. Rio de Janeiro, 2011. Disponível em: <http://mod.lk/seguranc>. Acesso em: 10 maio 2018.

a) O mais indicado é que as crianças usem copos de plástico ou de vidro? Por quê?

_____

_____

_____

b) Discuta com os seus colegas sobre os cuidados necessários para prevenir os acidentes domésticos.

8 Complete as frases com nomes de estados físicos dos materiais.

a) Materiais no estado _____ não têm forma definida e tomam a forma do recipiente em que estão.

b) Materiais no estado _____ não têm forma definida e preenchem completamente o recipiente em que estão.

c) Materiais no estado _____ têm forma definida, não importando o local em que estão.

9 Em cada quadro, desenhe e escreva o nome de uma invenção que:

ajuda a se locomover pela cidade.	permite a comunicação entre pessoas distantes.
ajuda a cuidar da saúde.	diverte as pessoas.

Suplemento de atividades práticas

Sumário

UNIDADE 1

1. É vivo ou não? 136
2. Minha vida 137
3. Tamanho das mãos 138

UNIDADE 2

1. Sombras durante o dia 140
2. A energia do Sol aquece os materiais igualmente? 142
3. Construindo uma biruta 143

UNIDADE 3

1. Terrário 144
2. As plantas e a luz 146

UNIDADE 4

1. Bolas que quicam 148
2. Flutua ou afunda? 150
3. Acessibilidade para cadeirantes na escola 152

1 Observação

É vivo ou não?

No ambiente existem seres vivos e componentes não vivos. Será que é possível diferenciar esses seres por meio da observação? Vamos descobrir?

O que você vai fazer

Observar um ambiente e identificar seres vivos e componentes não vivos.

Material

✔ folha para anotações   ✔ caneta ou lápis   ✔ prancheta

Como você vai fazer

1. Escolha um local aberto para observar. Pode ser uma praça, um parque, a rua ou o pátio da escola.

2. Faça uma lista do que você vê. Preste atenção aos detalhes. Que características você percebe no que classifica como componente não vivo? E como ser vivo?

3. Depois, complete a tabela a seguir, justificando por que você considera o componente observado um ser vivo ou não vivo. Veja o exemplo.

Componente	Ser vivo	Não vivo	Justificativa
Cachorro	X		O cachorro late, corre e pula.

Para você responder

1. Reúnam-se em grupos. Compare a sua tabela com as dos colegas e conversem sobre as questões a seguir:

   a) Vocês observaram os mesmos componentes?

   b) Vocês encontraram mais seres vivos ou componentes não vivos?

   c) O que os seres vivos têm em comum?

2 Entrevista

Minha vida

Que tal investigar um pouco a história da sua vida e compartilhar com os colegas? Assim, eles vão poder conhecer melhor a sua história e você poderá descobrir mais a respeito deles.

O que você vai fazer

Entrevistar um familiar para descobrir alguns detalhes de como foram seus primeiros anos de vida e as mudanças pelas quais você passou.

Como você vai fazer

1. Pense o que você gostaria de saber sobre sua vida e que você não lembra, pois era muito pequeno. Por exemplo: "Com quanto tempo eu aprendi a andar?"; "Quais foram as minhas primeiras palavras?".

2. Destaque a Ficha de Entrevista, na página 155, e escreva três perguntas que você pensou.

3. Em casa, escolha um adulto da família e pergunte se você pode fazer uma entrevista com ele. Não se esqueça de anotar o nome dele na Ficha de Entrevista.

4. Faça as perguntas que você planejou e anote as respostas do entrevistado. Se não conseguir anotar, peça à pessoa que escreva as respostas para você.

Para você responder

1. Converse com um colega sobre o que descobriram sobre a história de vida de vocês.

2. A história de seu colega é parecida com a sua ou é diferente?

ADILSON FARIAS

UNIDADE 1

3 Experimento

Tamanho das mãos

Observando as pessoas, podemos notar as semelhanças e as diferenças entre elas.

O que você vai fazer

Comparar as suas mãos com as mãos dos colegas.

Material

✔ folhas de papel sulfite branco
✔ lápis de cor ou giz de cera

Como você vai fazer

1. Forme grupo com três ou quatro colegas.

2. Cada integrante do grupo vai escolher uma cor diferente de lápis ou giz.

3. Na folha em branco, o primeiro aluno vai contornar a mão dele a partir do pulso.

4. O próximo aluno vai posicionar o pulso no mesmo local que o aluno anterior, de forma que as mãos fiquem uma em cima da outra. Todos os integrantes do grupo devem contornar a própria mão.

Ao fazer o desenho de sua mão no papel, **não tenha pressa**. Posicione o pulso no local adequado, para que a comparação seja efetiva.

Para você responder

1. A sua mão é a mais larga?

    ☐ Sim   ☐ Não

2. A sua mão é a mais comprida?

    ☐ Sim   ☐ Não

3. A sua mão é a menor do grupo?

    ☐ Sim   ☐ Não

4. A sua mão é igual à dos colegas?

    ☐ Sim   ☐ Não

5. Agora, juntem as folhas de todos os grupos e respondam.

    a) Quantos tamanhos diferentes de mão foram encontrados?

    _____

    b) Existe muita diferença no tamanho das mãos?

    _____

    c) As maiores mãos pertencem às crianças mais altas?

    _____

UNIDADE 2

1 Experimento

Sombras durante o dia

Você já reparou se a sua sombra permanece do mesmo tamanho em diferentes horas do dia?

O que você vai fazer

Verificar o tamanho da sombra de um colega em diferentes horas do dia.

Material

- ✔ fita métrica
- ✔ lápis
- ✔ giz
- ✔ relógio
- ✔ fita-crepe

Como você vai fazer

1. Em grupo, procurem no pátio da escola um lugar que seja iluminado pelo Sol durante a maior parte do dia.

2. Marquem com fita-crepe um local no chão e peçam a um colega que fique em pé sobre essa marca.

3. Desenhem com giz a direção e o tamanho da sombra formada.

4. Utilizem a fita métrica para medir o comprimento da sombra.

5. Anotem os resultados nos esquemas da página seguinte. Desenhem a posição do Sol e a direção da sombra.

6. Repitam esse procedimento mais duas vezes em horários diferentes, espaçados em pelo menos 1 hora. Meçam o comprimento da sombra sempre do mesmo colega.

Passo 2.

Passo 3.

Passo 4.

Esquemas para anotar os resultados

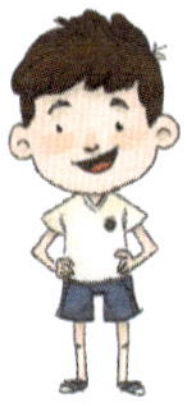

Horário: ______
Tamanho da sombra:
______

Horário: ______
Tamanho da sombra:
______

Horário: ______
Tamanho da sombra:
______

ILUSTRAÇÕES: HENRIQUE JORGE

Para você responder

1. Explique para um colega com suas palavras o que é uma sombra.

2. O que aconteceu com a sombra ao longo do dia?

- [ ] A sombra mudou de posição.
- [ ] A sombra não mudou de posição.

3. Por que você acha que isso ocorreu?

4. Aconteceu alguma mudança no tamanho da sombra?

- [ ] Sim, a sombra ficou maior.
- [ ] Sim, a sombra ficou menor.
- [ ] Não, a sombra permaneceu do mesmo tamanho.

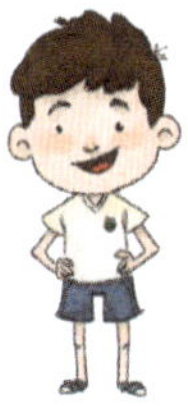

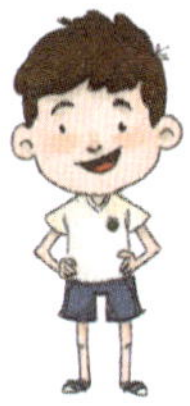

UNIDADE 2

2 Experimento

A energia do Sol aquece os materiais igualmente?

O que você vai fazer

Investigar se materiais aquecem da mesma forma ao serem expostos ao Sol.

Material

- ✔ areia
- ✔ terra de jardim
- ✔ colher de madeira
- ✔ colher de metal

Como você vai fazer

1. Leve a areia, a terra de jardim e as colheres para um local ensolarado.

2. Coloque a mão sobre cada um deles e anote no quadro abaixo os materiais, do mais frio para o mais quente.

Mais frio	→		Mais quente

3. Deixe os materiais e objetos expostos ao Sol por duas horas.

4. Coloque novamente a mão sobre cada um deles e anote no quadro abaixo os materiais, do mais frio para o mais quente.

Mais frio	→		Mais quente

Para você responder

1. Qual material parecia mais quente antes da exposição ao Sol? E depois da exposição ao Sol?

2. Todos os materiais aqueceram da mesma forma?

UNIDADE 2

3 Construção de modelo

Construindo uma biruta

Você conhece a biruta? A biruta é um instrumento usado para indicar a direção do vento.

O que você vai fazer

Construir uma biruta.

Material

✓ coador de pano com alça
✓ tiras de papel crepom
✓ cola para tecido
✓ tesoura com pontas arredondadas

Como você vai fazer

1. Corte o fundo do coador de pano. Ele vai ficar com duas aberturas.

2. Cole as pontas das tiras de papel crepom ao redor da região cortada.

 3. Corra com a sua biruta em várias direções e veja o que acontece.

Para você responder

• Você conseguiu identificar a direção do vento? Explique.

_____

_____

_____

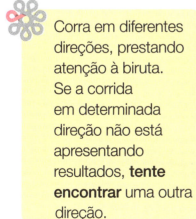

Corra em diferentes direções, prestando atenção à biruta. Se a corrida em determinada direção não está apresentando resultados, **tente encontrar** uma outra direção.

143

UNIDADE 3

1 Construção de modelo

Terrário

O que você vai fazer

Construir um terrário para observar as relações dos seres vivos entre si e com os componentes naturais.

Material

- aquário vazio ou outro recipiente transparente de boca larga
- pedras pequenas
- areia
- terra adubada
- mudas de plantas
- animais de jardim, coletados com a ajuda de um adulto (minhocas, tatus-bola e caracóis)
- filme plástico
- fita adesiva
- luvas

Como você vai fazer

1. Vista as luvas e forre o fundo do recipiente com as pedras, formando uma camada com dois dedos de altura.

2. Cubra com areia a camada de pedras.

3. Coloque a terra de jardim por cima da areia preenchendo o recipiente até a metade.

4. Faça furos na terra com os dedos e plante as mudas. Aperte um pouco o solo para que as plantas fiquem firmes.

5. Umedeça a terra com água, tomando cuidado para não encharcar.

Passos 1 e 2.

Passos 3 e 4.

6. Coloque os animais de jardim.

7. Feche o recipiente usando o filme plástico e a fita adesiva.

8. Mantenha o terrário em um local bem iluminado, mas sem ficar exposto à luz direta.

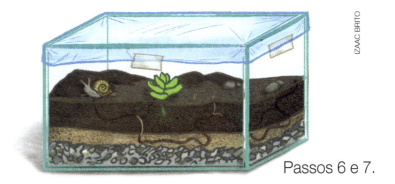

Passos 6 e 7.

Para você responder

1. Quais componentes naturais existem no terrário que você montou? E quais seres vivos?

   _____
   _____
   _____

2. Você acha que o terrário tem alguma semelhança com o ambiente que observou na seção *Investigar o assunto*?

   _____
   _____
   _____

Ao final do experimento, devolva os animais para o local de onde foram retirados.

3. Desenhe como você imagina que o terrário estará daqui a um ano.

145

UNIDADE 3

2 Experimento

As plantas e a luz

O que você vai fazer

Observar se a luz influencia o desenvolvimento das plantas.

Material

- 9 sementes de feijão
- 3 copos com terra ou algodão
- 2 caixas de sapatos com tampa
- tesoura com pontas arredondadas
- água

Como você vai fazer

1. Forme grupos com três colegas.

2. Com a ajuda de um adulto, façam um buraco na tampa de uma das caixas, próximo a uma das extremidades. O buraco deve ter cerca de 5 centímetros de diâmetro.

Passo 2.

3. Coloquem três sementes de feijão para germinar dentro de cada copo com terra ou algodão. Depois, reguem com pouca água.

4. Posicionem um dos copos dentro de uma caixa, de modo que ele fique na extremidade oposta ao buraco da tampa.

5. Coloquem outro copo dentro da outra caixa de sapatos e fechem com a tampa.

Passo 3.

6. O terceiro copo deve ser colocado em um local bem iluminado – por exemplo, próximo a uma janela.

7. Acompanhem o experimento por 10 a 15 dias, registrando suas observações a cada dois dias. A cada anotação, insiram a data e desenhem o que vocês perceberam em cada uma das situações.

8. Verifiquem diariamente se a terra ou o algodão estão úmidos e reguem quando necessário.

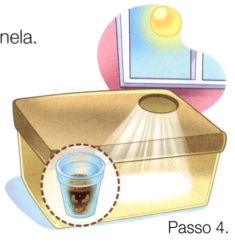

Passo 4.

ILUSTRAÇÕES: MILA HORTENCIO

Para você responder

1. Assinale o que você acha que vai acontecer com as sementes em cada copo.

   ☐ As sementes que estão na caixa fechada não vão germinar porque não há luz.

   ☐ As sementes de todos os copos vão germinar.

   ☐ As sementes que estão na caixa fechada vão germinar, mas os pés de feijão vão morrer porque não há luz no interior da caixa.

   ☐ As sementes da caixa em que há um buraco vão germinar e crescer em direção à luz.

2. O que aconteceu com as sementes de feijão em cada situação? Marque com um **X**.

	Sementes dentro da caixa com furo	Sementes dentro da caixa sem furo	Sementes em local iluminado
Germinaram			
Não germinaram			
As plantas se desenvolveram			
As plantas não se desenvolveram			

3. Veja novamente as respostas da atividade 1. As previsões que vocês fizeram foram confirmadas pelo resultado do experimento ou não?

   _____

   _____

4. Esse experimento permite concluir que a luz influencia no crescimento das plantas?

   ☐ Sim, pois as plantas que ficaram sem luz não se desenvolveram. Já as plantas que receberam luz se desenvolveram.

   ☐ Não, pois as plantas que receberam luz não se desenvolveram, assim como a planta que não recebeu luz.

UNIDADE 4

1 Experimento

Bolas que quicam

Você sabia que bolas "quicam"? Isso quer dizer que elas batem no chão e pulam. Mas será que todas as bolas quicam igual?

O que você vai fazer

Testar diferentes tipos de bola e medir quanto cada uma quica.

Material

- bola de meia
- bola de papel
- bola de tênis de mesa
- bola de borracha pequena
- bola de futebol
- bola de tênis

Como você vai fazer

1. Em duplas, selecionem uma bola. Um dos alunos estende os braços para a frente com a bola nas mãos e a solta em direção ao chão.

2. O outro aluno deve observar o quanto a bola quica no chão.

3. Façam esses procedimentos com todas as bolas, alternando o aluno que joga a bola e o que observa.

148

Para você responder

1. Todas as bolas quicaram no chão?

_____

2. Quanto cada bola quicou? Faça um **X** na tabela abaixo.

Tipo de bola	Quicou muito	Quicou pouco	Não quicou
Bola de meia			
Bola de papel			
Bola de tênis de mesa			
Bola de borracha			
Bola de futebol			
Bola de tênis			

3. Marque um **X** nos materiais de que as bolas são feitas.

	Papel	Plástico	Vidro	Borracha	Tecido
Bola de meia					
Bola de papel					
Bola de tênis de mesa					
Bola de borracha					
Bola de futebol					
Bola de tênis					

4. O que fez uma bola quicar mais que outra?

☐ A forma.   ☐ O tamanho.   ☐ O material.

UNIDADE 4

2 Experimento

Flutua ou afunda?

Alguns materiais são capazes de flutuar na água. Se você quiser construir um barco de brinquedo, por exemplo, é importante conhecer o material de que ele será feito.

O que você vai fazer

Testar diferentes materiais para verificar quais flutuam na água.

Material

- bacia grande transparente
- água
- parafusos
- massa de modelar
- giz de cera
- rolha de cortiça
- borracha
- pedras
- isopor
- lápis de madeira
- moeda
- potes plásticos
- outros materiais que você queira testar

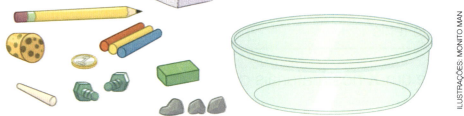

Levante suas hipóteses

- Dos materiais listados acima, quais você acha que vão afundar? E quais você acha que vão flutuar? Faça um **X** nos quadros.

	Parafusos	Massa de modelar	Giz de cera	Rolha de cortiça	Borracha
Flutua					
Afunda					

	Pedras	Isopor	Lápis de madeira	Moeda	Potes plásticos
Flutua					
Afunda					

150

Como você vai fazer

1. Formem pequenos grupos. O professor vai encher a bacia com água.

2. Coloquem um objeto por vez na água e observem o que acontece.

Para você responder

1. Registre o resultado observado nos quadros abaixo.

	Parafusos	Massa de modelar	Giz de cera	Rolha de cortiça	Borracha
Flutua					
Afunda					

	Pedras	Isopor	Lápis de madeira	Moeda	Potes plásticos
Flutua					
Afunda					

2. As suas hipóteses estavam corretas? O que aconteceu de maneira diferente da que você imaginava?

_____

_____

3. Agora, coloque os potes na água com a abertura voltada para cima. Depois, ponha pedras e parafusos em seu interior. O que aconteceu? Desenhe.

- Por que você acha que isso aconteceu?

Adaptado de: SCHIEL, D.; ORLANDI, A. S. (Org.). *Ensino de Ciências por investigação*. São Carlos: Centro de Divulgação Científica e Cultural, Universidade Federal de São Carlos, 2009.

3 Pesquisa

Acessibilidade para cadeirantes na escola

As escolas devem ter adaptações para que todas as crianças possam participar de todas as atividades e se deslocar com facilidade. Isso é chamado de acessibilidade.

O que você vai fazer

Investigar a acessibilidade para cadeirantes no espaço escolar.

Material

- ✔ objeto com rodas (carrinho de feira ou cadeira com rodas)
- ✔ caderno
- ✔ lápis
- ✔ fita métrica

Como você vai fazer

1. Reúnam-se em grupos e escolham um trajeto, por exemplo, da entrada da escola até a sala de aula ou da sala de aula até o banheiro.

2. Usem a fita métrica para avaliar:
   - a largura de todas as portas: deve ser maior ou igual a 80 centímetros;
   - a largura de todos os corredores e rampas: deve ser maior ou igual a 120 centímetros.

3. Usem o objeto com rodas para avaliar:
   - as dificuldades para fazer o trajeto: se o piso é escorregadio, se tem buracos ou degraus;
   - se há rampas ou elevadores apropriados.

4. Registrem as observações com anotações, desenhos ou fotos.

Para vocês responderem

1. De acordo com a pesquisa, a escola está adaptada para o acesso de cadeirantes? Por quê? Conversem com a turma sobre o que foi observado.

2. Escrevam no caderno os aspectos positivos e aqueles que precisam ser melhorados na escola.

Ficha para a atividade 2, da página 17.

Nome: _____ Turma: _____

Ciclo de vida do jacaré-de-papo-amarelo

Nascimento	
Crescimento	
Reprodução	
Morte	

Ficha para a entrevista da página 137.

Ficha de entrevista

Nome do entrevistado:

Parentesco:
- ☐ Pai ou Mãe
- ☐ Avô ou Avó
- ☐ Padrasto ou Madrasta
- ☐ Irmão ou Irmã
- ☐ Tio ou Tia
- ☐ Outro parente

Pergunta 1:

Resposta:

Pergunta 2:

Resposta:

Pergunta 3:

Resposta:

Figuras referentes à atividade 16, da página 57.

Encarte para a atividade 16, da página 57.

Nome: _____

Turma: _____

Data: ___/___/___

Adesivos para a atividade 4, da página 34.

Adesivos para a atividade 2, da página 105.

Recipientes de plástico.

Frutos do guaraná.

Areia.

Aviãozinho de papel.

Chaves.

Madeira.

Pepitas de ouro.

Imagens fora de proporção.

Pote de vidro.